André Cochut

Études sur
les économistes

Essai

Table de Matières

I. ÉCONOMISTES FINANCIERS DU DIX-HUITIÈME SIÈCLE   **6**

II. MALTHUS   *33*

I. ÉCONOMISTES FINANCIERS DU DIX-HUITIÈME SIÈCLE

Un moyen aussi sûr qu'agréable pour apprendre une science, c'est d'étudier son histoire. Le premier aperçu d'une grande découverte, les tâtonnements, les erreurs au début, les illuminations soudaines, la lumière jaillissant du choc des idées ; la part qu'il faut faire au hasard comme au génie, en un mot les leçons de l'expérience, composent un cours d'instruction plus saisissant et souvent plus profitable que la sèche exposition les principes abstraits. Appliqué à l'économie politique, ce genre d'étude offre un avantage de plus. En suivant le mouvement graduel de la science administrative dans les œuvres de ceux qui en ont été les maîtres, on voit éclore, pour ainsi dire, les doctrines et les lois qui nous régissent, et, tout en apprenant la théorie, on se familiarise avec les difficultés de la pratique. L'idée de réunir en collection les écrits les économistes les plus célèbres, de façon à en former une sorte d'encyclopédie économique, fait donc honneur à l'éditeur qui l'a conçue : pour notre part, nous applaudissons à une entreprise dont les publications successives nous fourniront matière à d'intéressantes études.

Avant la formation des écoles systématiques qui ont reconnu pour chefs Quesnay et Smith, les écrivains politiques, attribuant naïvement les misères de leur temps au désordre des finances, ou à la pénurie des espèces, concentraient leurs méditations sur l'impôt et les mouvements du numéraire. C'est en mémoire de cette tendance qu'on les qualifie aujourd'hui d'*économistes financiers*. Cette première série, confiée à l'intelligente révision de M. Eugène Daire[1], reproduit cinq publicistes, dont les écrits, rares et négligés de nos jours, ont fait grande sensation au commencement du dernier siècle : Vauban, plus instructif qu'aucun autre de ses contemporains sur l'état de la France pendant la seconde période du siècle de Louis XIV ; Boisguillebert, qui entrevit les vérités fondamentales de la science ; Law, le hardi financier du régent ; Melon, le théoricien du système mercantile, et Dutot, praticien expérimenté, qui eut l'honneur de poser les vrais principes sur la nature des monnaies, et sur le rôle qu'elles accomplissent dans la circulation.

André Cochut

Accoutumés aujourd'hui au mécanisme régulier de nos institutions fiscales, à une répartition des charges équitable ou du moins jugée telle par la majorité des théoriciens, à une perception facile et bienveillante, à une comptabilité que les autres nations nous envient, à une publicité surabondante[2], nous avons peine à concevoir la situation financière de l'ancienne monarchie. En étudiant la gestion de la fortune publique, on éprouve un vague frisson d'épouvante, comme au récit de quelque brigandage ténébreux. Ne nous lutons pas toutefois d'accuser nos pères : transportons-nous dans le monde où ils ont vécu ; sachons tenir compte de cette fatalité qui les a entraînés, sans qu'ils eussent pour se guider la lumière de l'expérience.

La révolution qui renversa la féodalité pour constituer la société moderne est, au point de vue de la science économique, un phénomène des plus curieux à observer. La féodalité était un système en vertu duquel les fonctions sociales, et particulièrement le service militaire, étaient conférés héréditairement et soldés par le revenu de la propriété donnée en fief. Depuis le haut baron jusqu'à l'homme de main-morte, chacun récoltait les fruits de son lot de terre, à charge de paraître en armes et de fournir son service au premier appel de son supérieur. Un prélèvement sur les revenus annuels, des droits perçus arbitrairement sur les divers actes de la vie civile, les amendes et confiscations judiciaires, constituaient le budget du seigneur. Or, indépendamment de la politique des rois et de la rébellion de la bourgeoisie, un seul fait qui s'accomplissait sourdement dans les régions inférieures de la société aurait suffi pour ruiner l'organisation féodale : nous voulons parler de la dépréciation des monnaies qui ne cessa d'amoindrir les rentes ou autres redevances féodales estimées en argent. « L'augmentation de la valeur (nominale) de l'argent[3], dit le comte de Boulainvilliers dans sa XIIe *Lettre sur les états-généraux*, et la différente évaluation de la monnaie, avaient tellement affaibli le produit des fiefs, qu'au lieu d'une pleine et entière subsistance qu'ils donnaient auparavant à leurs possesseurs, d'où s'ensuivaient l'obligation et la possibilité du service, ils se trouvaient diminués de plus des trois quarts de leur valeur primitive. » La perte était déjà évaluée aux quatre cinquièmes du temps de saint Louis ; ce que nous appelons aujourd'hui un sou est à peu près la deux millième partie du sou d'argent, qui était la vingtième partie de la livre de poids, à l'époque des premières inféodations. Les plus grands seigneurs eussent été conduits insensiblement à une extrême détresse, s'ils n'avaient pas comblé par des rapines le déficit de leurs finances. Malgré cette ressource, leurs embarras furent parfois si grands, qu'ils supplièrent les rois de leur permettre d'*abréger leurs fiefs* ; c'est-à-dire d'en réaliser une partie par des ventes faites aux roturiers ou à des gens d'église. Presque tous les princes, et particulièrement Philippe-le-Bel, Charles V et Louis XI, encouragèrent une tendance conforme à leur politique secrète. Peu à peu, le service féodal se trouva désorganisé et insuffisant. Ce fut alors que la royauté s'attribua fièrement la tutelle des intérêts généraux. Sur les champs de bataille, les soldats du roi, troupes réglées et permanentes recrutées à prix d'argent, formèrent le noyau de nos belles années nationales ; dans l'ordre civil et judiciaire, les hommes du roi, c'est-à-dire les fonctionnaires salariés et révocables, remplacèrent les agents héréditaires de la féodalité. Ainsi se constitua le monarchisme moderne, régime économique dans lequel les services publics furent rémunérés par un appointement fixe en argent, au lieu d'être soldés comme précédemment par le revenu éventuel d'un domaine.

L'obligation d'entretenir une armée ; de soudoyer une administration de plus en plus compliquée, n'était pas une difficulté médiocre, surtout à une époque où on ignorait les moyens d'activer la circulation du numéraire. Les ressources particulières du souverain étaient bornées : le morcellement du territoire, l'antagonisme des provinces, ne permettaient pas même de songer à l'établissement d'un budget national. La royauté n'était pas alors, comme elle le devint plus tard, une incarnation de la puissance publique, et sa voix eût été méconnue, si elle eût réclamé loyalement, et au nom de la patrie commune, que chacun supportât un impôt proportionné à ses ressources. Les intendants de la couronne ne parvenaient donc à équilibrer les dépenses et les recettes qu'à force d'empiètements, de subterfuges et d'expédients imaginés au jour le jour. Au produit primitif du domaine royal s'ajoutèrent la taille des gendarmes pour l'entretien des troupes réglées, les droits de franc-fief, ou subside de guerre fourni par les fiefs qui n'étaient plus desservis, les droits d'amortissement payés par les roturiers acquéreurs de fiefs, les bénéfices souvent frauduleux sur les monnaies, la composition des juifs et des lombards, les cotisations des francs-bourgeois, les amendes et les confiscations. Une infinité de redevances, perçues de gré ou de force, constituèrent à la longue un budget de recettes assez respectable. En somme, prendre partout et autant qu'on pouvait était la seule maxime du souverain ; se soustraire autant que possible aux charges publiques était la première loi des sujets. Les troubles civils du XVIe siècle, les interminables guerres du siècle suivant, les dilapidations, les prodigalités, l'insouciance coupable, ne firent qu'envenimer le désordre des finances, qui fut la plaie de l'ancienne monarchie.

À la mort de Louis XIV, l'impôt perçu par le fisc royal s'élevait à 166 millions ; mais ce chiffre représentait pour l'époque une somme quatre fois plus forte, au plus bas mot, qu'elle ne le serait de nos jours. À ne considérer que la valeur métallique de l'argent, on trouve que 33 livres tournois, taillées alors dans un marc d'argent, équivalent à 50 francs de notre monnaie ; en second lieu, c'est être modeste que d'évaluer au double l'augmentation du prix des denrées et de la main-d'œuvre depuis cent cinquante ans. Le budget royal de 1715 représenterait donc, en monnaie du jour, 630 millions de francs. Or, cette charge, supportée par une population qui ne dépassait pas de beaucoup dix-neuf millions d'âmes, équivaut aux plus gros budgets de notre temps. Les subsides perçus au nom du roi ne dispensaient pas d'ailleurs de la dîme ecclésiastique, de certaines redevances féodales, et des diverses contributions particulières à chaque profession, à chaque localité. Il y a plus : pour compenser les exemptions ou les faveurs accordées aux privilégiés, il fallait augmenter d'autant la cotisation des contribuables vulgaires, de sorte que pour la plupart de ceux-ci le fardeau devenait parfois intolérable. Ainsi, la *taille*, impôt fondamental qui correspondait a nos deux contributions foncière et mobilière, n'était perçue que partiellement sur les biens nobles et ecclésiastiques. Les pays d'état, c'est-à-dire les provinces d'acquisition récente qui avaient conservé une sorte de représentation, comme l'Artois, la Franche-Comté, l'Alsace, n'acquittaient que la taille réelle ou territoriale ; les pays d'élection, soumis au bon plaisir des *élus* de la couronne, payaient en outre la taille personnelle, frappée arbitrairement sur les revenus, quelle qu'en fût la nature. Aucune loi ne réglait l'assiette de l'impôt, et l'inégalité de province à province était moins choquante encore que l'inégalité d'homme à homme. On envoyait dans chaque paroisse des officiers qui proportionnaient la cotisation de chacun à la fortune qu'on lui attribuait. Alors commençait entre les agents du fisc et les contribuables une ignoble comédie, un assaut de ruses et de prévarications. Il pouvait être facile aux personnages influents de gagner le contrôleur par séduction ou par menaces ; pour les petites gens, la principale affaire était de dissimuler leur aisance. Les familles laborieuses enfouissaient leur argent et affichaient les dehors de la pauvreté. La délation d'un voisin jaloux eut suffi pour les plonger dans un abîme de tribulations. Nous n'exagérons pas. « Si quelqu'un s'en tire, dit Vauban, il faut qu'il cache si bien le peu d'aisance où il se trouve, que ses voisins n'en puissent avoir la moindre connaissance. » — « Il n'était pas rare, ajoute le digne maréchal, de voir le riche campagnard se priver du nécessaire, s'exposer au vent et à la pluie avec un habit en lambeau, persuadés qu'ils étaient qu'un bon habit serait un prétexte infaillible pour les surcharger l'année suivante. » Quant à la manière d'opérer les recouvrements, hors le fer et le feu, dit encore Vauban, tous moyens étaient bons pour contraindre le taillable à s'exécuter. L'arrivée des collecteurs mettait, pour ainsi dire, un village en état de siège. Ne pouvant s'abuser sur la haine qu'ils excitaient, les commis n'osaient pas s'aventurer isolément, et c'était par escouades de six à sept hommes bien armés qu'ils allaient réclamer, au nom du roi, l'entrée de chaque maison.

Les aides, les traites ou douanes, les gabelles, la ferme des tabacs, ou pour parler le langage de notre temps, les contributions indirectes, affermées à des compagnies de traitants rapaces, donnaient lieu à des abus non moins irritants pour les particuliers, non moins funestes à la prospérité publique. On calcula au siècle dernier que, pour faire entrer 30 millions dans les caisses de l'état par le moyen des aides, la dépense effective était de 60 millions, le préjudice causé aux propriétaires de 80 millions, c'est-à-dire qu'on sacrifiait 140 millions pour en gagner 30. Le sel, que Vauban appelle « une manne dont Dieu a gratifié le genre humain, » était tellement enchéri par les impôts, que le paysan au lieu de spéculer sur les salaisons, se privait d'assaisonner ses propres aliments. Il y avait même beaucoup de provinces où cette triste économie n'était pas possible. C'étaient les pays dits de *grande gabelle*, où tout chef de famille était forcé d'acheter annuellement le *sel du décor*, c'est-à-dire une certaine quantité de sel qu'on lui envoyait d'autorité, et qu'il devait payer, quels que fussent d'ailleurs les besoins de sa consommation. En affermant à une compagnie l'exploitation financière d'une contrée, il fallait l'autoriser à circonscrire cette localité par des barrières ; de là ce réseau de douanes intérieures qui entravait tout essor commercial. Le hasard ou la faveur augmentaient ou diminuaient les charges de chaque canton. Il y eut, par exemple, un moment où, dans l'élection de Mantes, on devait acquitter onze droits divers pour parvenir à la vente des boissons ; aussi la consommation y tomba-t-elle en peu de temps de soixante mille pièces de vin à quatre mille. Boisguillebert a calculé que les produits de la Chine ou du Japon importés en France augmentaient à peine dans la proportion de 4 à 1, tandis que les liqueurs expédiées à l'intérieur d'une province à l'autre subissaient une augmentation de vingt fois leur valeur, de sorte, ajoute-t-il, que les paysans du nord de la France, condamnés à boire de l'eau, auraient pu acheter du vin, si, au lieu de s'adresser aux vignerons de l'Orléanais, ils avaient pu s'approvisionner tout simplement au Japon ou en Chine. Quoique les théories économiques en faveur recommandassent le commerce extérieur, il n'y avait pas moins de vingt-six droits à payer avant de pouvoir exporter par mer les produits des fabriques françaises ou débarquer les cargaisons étrangères.

Après tant d'indignités, il était rare qu'on parvînt à mettre les recettes au niveau des dépenses. On avait souvent recours, pour combler le déficit, à des expédients ruineux ou ridicules. On escomptait les revenus des années suivantes ; on vendait aux villes des exemptions on des monopoles : on battait monnaie avec des lettres de noblesse ; on instituait, pour les vendre, des charges nouvelles auxquelles on attachait un traitement, emprunts déguisés qui transformaient les créanciers de l'état en fonctionnaires inutiles. « Toutes les fois que votre majesté crée un office, disait à Louis XIV le facétieux Pontchartrain, Dieu crée un sot pour l'acheter. » Dieu créa en effet des hommes qui se glorifièrent d'être appelés « contrôleurs aux empilements des bois, jurés crieurs d'enterrement (cette seule charge produisit

800,000 livres), visiteurs du beurre frais, essayeurs du beurre salé, etc. » Ces extravagances avaient leur côté dangereux. Ces offices entraînaient des exemptions personnelles qui dérobaient aux charges publiques la plupart des hommes enrichis dans les affaires. Sous l'administration de Colbert, on comptait quarante-cinq mille familles pourvues d'offices : le mal était sans doute plus grand au temps où écrivaient Vauban et Boisguillebert.

Tel était, par rapport à la vie matérielle, ce règne dont l'éclat politique et littéraire nous éblouit encore. Ne semblerait-il pas, comme le dit ingénieusement M. Daire, qu'au temps de Corneille et de Racine, de Pascal et de Bossuet, le ciel eût fait naître chez nous tant de grands hommes à la fois pour qu'on y prît en patience les mauvaises institutions ? Quand même la France n'eût pas été épuisée par des guerres désastreuses, sa déplorable administration eût suffi pour la réduire aux dernières extrémités. Il est difficile de lire sans épouvante ce que disent Vauban et Boisguillebert des misères de leur temps. « Par toutes les recherches que j'ai pu faire, dit le maréchal, j'ai remarqué que près de la dixième partie du peuple est réduite le la mendicité, et mendie effectivement ; que des neuf autres parties il y en a cinq qui ne sont pas en état de faire l'aumône à celle-là ; que des quatre autres qui restent, les trois sont fort malaisées ou embarrassées de dettes et de procès, et que dans la dixième, où je mets les gens d'épée ou de robe, les ecclésiastiques, la noblesse, les gens en charge, les bons marchands, les bourgeois rentés et les plus accommodés, on ne peut pas compter sur cent mille familles. » Une enquête faite dans l'élection de Vézelay, mis dont les résultats paraissent applicables à d'autres cantons, révèle que « la septième partie des maisons est à bas, la sixième partie des terres en friche, et les autres mal cultivées. » Dans un mouvement de généreuse indignation qui prête à sa parole inculte une sorte d'éloquence, Boisguillebert s'écrie : « Faut-il attendre la paix pour sauver la vie à deux ou trois cent mille créatures au moins qui périssent toutes les années de misère, surtout dans l'enfance, parce que les mères manquent de lait faute de nourriture, ou qui, dans un âge plus avancé, n'ayant que du pain et de l'eau, sans lit, sans vêtements, et dépourvues de forces suffisantes pour le travail, qui est leur unique revenu, succombent avant même d'avoir atteint le milieu de leur carrière ? »

André Cochut

Dans une pareille confusion, il n'eût pas été possible d'observer les ressorts du gouvernement, et toute tentative pour asseoir systématiquement les bases d'une science nouvelle eussent été prématurées. Les hommes de bien qui se laissaient émouvoir au spectacle de la détresse publique n'étaient frappés que d'un seul fait, le désordre des finances. Ainsi furent-ils conduits à ce genre de travaux qui justifie leur titre d'*économistes financiers*. Vénérables précurseurs des économistes théoriciens, ils s'en tinrent à une sorte d'empirisme qui consiste à exposer le mal sans remonter à son principe, et à en chercher le remède avec sincérité. Au rebours des écoles qui devaient régner par la suite, ils s'occupent beaucoup moins de la production des richesses que d'une équitable répartition de la fortune acquise. Toutes leurs sympathies sont pour les faibles, et ils se constituent d'office les avocats de ceux qu'on opprime, sans le moindre espoir de popularité.

Aussi, quoique les mémoires économiques de Vauban et de Boisguillebert ne puissent plus nous intéresser qu'à titre de renseignements historiques, il est difficile de les lire sans une émotion respectueuse. L'ingénieur qui a laissé l'un des plus grands noms dans son art, celui dont les conceptions se distinguent, au jugement de Carnot, par un prodigieux agencement « de combinaisons profondes et de chefs-d'œuvre d'industrie, » l'infatigable soldat qui construisit trente-trois places neuves, restaura trois cents places anciennes, conduisit cinquante-trois sièges, et paya de sa personne dans cent quarante actions vigoureuses, le maréchal de Vauban déployait dans l'exercice des vertus civiques un genre de mérite beaucoup plus rare que l'intrépidité militaire. Obligé par les fonctions qu'il remplit si dignement pendant plus d'un demi-siècle à parcourir la France dans tous les sens, il ne s'éloigne jamais d'un cantonnement sans y avoir recueilli toutes les informations qui peuvent intéresser un homme d'état : toujours accompagné de secrétaires, de copistes, de calculateurs, de dessinateurs, il sacrifie une partie de sa fortune pour constater les faits relatifs à la guerre, à la marine, aux finances, au commerce, à la religion, à la politique générale ; mais s'agit-il de s'éclairer sur le sort du pauvre ? c'est lui-même qui se charge de l'enquête. Au comble de la gloire et de la faveur, à une époque où Louis XIV lui ordonne expressément de se ménager, parce qu'il considère sa santé *comme une affaire d'état*, Vauban consacre ses *Oisivetés*[4] à parcourir les hameaux et les campagnes : il pénètre sous le chaume ou dans l'échoppe, interrogeant le laboureur sur le prix des journées, le marchand sur les chances de son trafic, provoquant partout la confiance par sa commisération affectueuse, consignant les griefs, recevant les avis, écoutant au fond de son propre cœur le retentissement de toutes les plaintes. Ce genre d'investigation suggéra, dit-on, aux ministres de Louis XIV l'idée de faire recueillir par les intendants des provinces les documents de nature à jeter quelque lumière sur la condition matérielle des populations ; documents conservés en manuscrits, et dont le grand ouvrage du comte de Boulainvilliers sur l'*État de la France* n'est qu'un extrait raisonné. À ce titre, il serait juste de saluer le noble guerrier comme le créateur de la statistique en France, et de reconnaître, avec M. Daire, que si nous avons trouvé le nom, c'est Vauban qui a inventé la chose.

Ce qui attache le lecteur dans les écrits économiques de Vauban, c'est sa sympathie ardente pour le menu peuple qui souffre, pour « cette partie basse *qu'on accable et qu'on méprise, et qui pourtant est la plus considérable par son nombre et par les services effectifs qu'elle rend ; car c'est elle qui, par son travail et son commerce, et par ce qu'elle paie au roi, l'enrichit et tout son royaume ; c'est elle qui fournit les soldats, les matelots, et grand nombre d'officiers, etc.* » *N'est-il pas remarquable de retrouver dans ces paroles adressées à Louis XIV par un de ses courtisans les principes qui devaient, en 1789, faire la fortune politique de Sieyès ? Des généreux sentiments qui animait la grande âme de Vauban découle le* Projet d'une dîme royale. *Son bon sens et son équité naturelle, autant que ses habitudes d'observation, lui ayant fait découvrir, les misères produites par le désordre des finances, il crut entrevoir la possibilité de remplacer le privilège en matière d'impôt par un système qui égalisât les charges publiques et soulageât les citoyens accablés, sans porter préjudice un trésor. Ce système a pour base, selon l'auteur dont nous conservons religieusement les paroles,* « une obligation naturelle aux sujets de toute condition de contribuer à proportion de leur revenu et de leur industrie, sans qu'aucun d'eux s'en puisse raisonnablement dispenser. » *En conséquence, il propose de remplacer la multitude des tares arbitraires et de vexatoires comprises sous les dénominations de* tailles, *de* capitations, *d'*aides, *de* traites foraines *et de* dixièmes, *par une contribution unique, en nature ou en argent, dont la quotité flatterait, selon les circonstances, du dixième du revenu au maximum, jusqu'au vingtième en minimum. Cette contribution devait provenir de quatre sources différentes : 1° la dîme de tous les fruits de la terre, prélevée en nature, sans admettre d'exceptions en vertu de la qualité des personnes ou des privilèges locaux ; 20 dîme estimée en argent sur le produit des propriétés bâties, des industries, des rentes, des salaires, pensions, appointements, profits d'office et autres revenus, depuis le prince et le prélat jusqu'à l'homme de peine[5] et au laquais ; 30 impôt modique sur le seul, égalisé dans sa quotité, et rendu uniforme dans sa perception pour toutes les provinces et toutes les classes de citoyens ; 30 revenus fixes comprenant les domaines, parties usuelles, droits féodaux, amendes, péages et autres impôts éventuels, auxquels les innovations paraissaient difficilement applicables.*

Vauban n'émettait de telles idées que pour obéir à sa conscience. Il ne s'abusait pas sur les chances du succès ; lui-même énumère les obstacles qui feront échouer son système dans un chapitre supplémentaire, édité pour la première fois par M. Daire. Il prédit la colère des nobles, atteints dans leurs privilèges ; l'opposition des hauts fonctionnaires, menacés dans leur despotisme ; les intrigues des gens de finances ; l'inertie de ces faux hommes de bien, qui n'affectionnent que leur aisance et leur tranquillité égoïste : il sent bien que l'heure n'est pas venue de soustraire le pauvre peuple « à cette armée de traitants, de sous-traitants, avec leurs commis de toute espèce, sangsues d'état, dont le nombre serait suffisant pour remplir les galères, mais qui, après mille friponneries punissables, marchent la tête levée dans Paris comme s'ils avaient sauvé l'état. » En effet, un arrêt du conseil ne tarda pas à ordonner la saisie et la destruction du *Projet de dîme royale*. « Ce ne fut donc pas merveille, dit à ce sujet le duc de Saint-Simon, si le roi, prévenu et investi de la sorte, reçut très mal le maréchal de Vauban lorsqu'il lui présenta son livre. On peut juger si les ministres lui firent meilleur accueil. De ce moment, ses services, sa capacité militaire unique en son genre, sa vertu, l'affection que le roi y avait mise jusqu'à croire se couronner de lauriers en l'élevant, tout disparut à ses yeux. Il ne vit plus en lui qu'un insensé pour l'amour du bien public, et qu'un criminel qui attentait à l'autorité de ses ministres, par conséquent à la sienne. Il s'en expliqua de la sorte sans ménagement. Le malheureux maréchal, porté dans tous les cœurs français, ne put survivre avec bonnes grâces de son maître, pour qui il avait tout fait. Il mourut peu de mois après, ne voyant plus personne, consumé d'une affliction que rien ne put adoucir, et à laquelle le roi fut insensible jusqu'à ne pas faire semblant qu'il eût perdu un serviteur si utile et si illustre. » Les arrêts de condamnation portent la date du 14 février et du 19 mars 1707, et Vauban mourut le 30 de ce dernier mois. Ainsi l'intrépide guerrier succomba de cette même faiblesse qu'on a reprochée à un timide poète : comme Racine, il mourut d'une disgrâce.

Pierre Le Pesant, sieur de Boisguillebert, est à peine connu. On sait vaguement qu'il était lieutenant-général au bailliage de Rouen, qu'après avoir consacré ses loisirs de jeunesse à des traductions ou à des fantaisies littéraires, il concentra ses méditations sur les affaires publiques. Un livre qu'il publia en 1697, sous le titre de *Détail de la France*, passa inaperçu. Tel doit être le sort de presque tous les plans de réforme financière qui, en général, ne peuvent être bien compris que par ceux qui ont intérêt à ne pas les admettre. Le duc de Saint-Simon raconte que Boisguillebert, « dont l'esprit vif avait du singulier, » sollicita du contrôleur des finances Pontchartrain l'honneur de lui exposer ses idées : « Je sais bien, dit-il, que son excellence me prendra d'abord pour fou, mais en second lien elle se rendra à mon système. – Je m'en tiens au premier point, » répondit le pétulant ministre en tournant le dos au donneur d'avis. Malgré cet échec, les convictions de Boisguillebert s'exaltèrent au spectacle d'une misère toujours croissante. Il consacra dix ans de sa vie à refondre son livre avec de nouveaux développements, à lui donner une forme plus incisive, après quoi il publia son nouveau travail sous ce titre, qui sent le pamphlet : *le Factum de la France*. Le contrôle des finances était alors confié à Chamillart. Ce ministre bien intentionné, mais timide et irrésolu, parce qu'il était d'une intelligence médiocre, manda Boisguillebert, applaudit à ses idées mais s'excusa d'en faire l'essai, prétextant l'impossibilité d'opérer une réforme radicale en temps de guerre. Boisguillebert répondit, non au ministre, mais au public ; il osa lancer, comme *Supplément au Détail de la France*, une brochure de quelques pages, dans laquelle il fait une vive énumération des abus les plus désastreux, et se demande *s'il faut attendre la paix* pour y porter remède[6]. Il ne fallait pas un médiocre courage pour risquer un pareil écrit en 1707, précisément à l'époque où un arrêt du conseil frappait l'illustre Vauban. La vengeance fut toutefois modérée ; de puissants protecteurs en amortirent les coups. Boisguillebert, menacé dans sa fortune par un exil en Auvergne, obtint peu de temps après l'autorisation de reprendre sa charge à Rouen. Il y mourut en 1714, honoré par ses concitoyens comme magistrat dévoué, mais injustement dédaigné comme écrivain politique. Tous les historiens littéraires l'ont négligé ; Voltaire seul a cité son nom jusqu'à huit fois, et toujours avec un accent de mépris qu'il est difficile de s'expliquer.

Les idées pratiques de Boisguillebert ont une telle affinité avec celles de Vauban, que les malveillants ont fait crime au maréchal d'avoir prêté à un rêveur obscur l'autorité de son nom. Toutefois, Saint-Simon affirme que ces deux citoyens, également passionnés pour le bien public, se rencontrèrent au même but sans se connaître. Comme Vauban, Boisguillebert propose de remplacer les divers genres de contribution par un impôt du dixième prélevé sur tous les biens ou revenus sans exception ; mais il veut avec raison que cette dîme soit toujours perçue en numéraire et jamais en nature. Le maréchal dévoile les faits qui le révoltent avec la franche indignation d'un noble soldat ; le magistrat rouennais, en accomplissant son devoir de citoyen, cède souvent à cette curiosité philosophique qui veut approfondir les phénomènes et systématiser ses découvertes. Sa puissance analytique est médiocre, et son style n'a pas assez de consistance pour donner du corps à des notions abstraites ; mais une sagacité naturelle lui fait entrevoir les vrais principes sur l'essence et la source de la richesse publique, sur le rôle des métaux précieux employés comme numéraire, sur les avantages de la libre circulation des espèces et des marchandises, sur la liberté du commerce des grains, sur le danger des impôts vicieux. Tandis que chacun expliquait à sa manière une détresse sans exemple dans les époques antérieures, Boisguillebert osa dire : Une succession de guerres ruineuses, les folles prodigalités de la cour, ont pu augmenter la misère publique, mais elles n'en sont pas la cause première. Si l'argent est rare, c'est qu'il est enfoui et non pas, comme on le suppose, exporté dans les pays étrangers. D'ailleurs, l'or et l'argent que vous prétendez accaparer ne sont utiles que comme moyens d'échanges ; ils contribuent à l'enrichissement d'un pays, mais ils ne constituent pas sa richesse véritable, si ce n'est pour l'Inde et le Pérou, dont ils sont les productions naturelles. L'impôt, dont vous vous plaignez avec raison, n'est accablant que parce qu'il est mal réparti ; le secret de la régénération c'est l'abolition de toutes les mesures fiscales qui paralysent l'agriculture et le commerce ; c'est tout simplement « la permission accordée au peuple de labourer et de commercer, ou, en d'autres termes, de s'enrichir. » Tels sont, en substance, les enseignements qui ressortent des œuvres de Boisguillebert. Sans partager l'exagération de M. Daire, qui voit en lui le « Christophe Colomb du monde économique, » on ne saurait refuser à l'auteur du *Détail de la France* cette puissance d'observation qui dénote l'inventeur. Il est probable que si Boisguillebert avait été compris et apprécié par ses contemporains s'il avait ressenti cette excitation fécondante que le succès détermine, il eût le premier tracé le cadre de la science économique et mérité pleinement les éloges de M. Daire, qui distingue en lui « le premier anneau de cette chaîne savante formée par les noms illustres de Quesnay, de Smith, de J. B. Say, de Malthus, de Ricardo et de Rossi. »

la réforme proposée demeura comme non avenue. Ne nous hâtons pas de mettre en cause les ministres de Louis XIV. Bien qu'excellentes au point de vue du sens commun et de la justice absolue, les idées de Vauban et de Boisguillebert soulevaient dans la pratique des difficultés à peu près insurmontables. Les abus invétérés et passés dans les mœurs acquièrent une sorte de légitimité qui les protège en les élevant au niveau des droits naturels et imprescriptibles : Un gouvernement régulier n'accepte pas facilement l'odieux d'une mesure qui doit ressembler à une spoliation, et laisser des victimes saignantes. Les grandes réformes qui déplacent tous les intérêts exigent pour être accomplis l'enthousiasme d'une révolution. Reconnaissons que l'égalisation des impôts, opérée par entraînement en 1789, n'eût pas été praticable au commencement du siècle. Comment obtenir le consentement des provinces d'état, qui n'avaient reconnu la souveraine de la couronne qu'à la condition de conserver leurs anciens usages, surtout en matière de fiscalité ? Comment heurter de front un corps comme le clergé, aussi puissant par ses richesses que par son ascendant moral ?

André Cochut

Quant à la noblesse, payer une contribution en argent lui semblait une sorte de flétrissure : c'eût été reconnaître que le gentilhomme n'était plus digne de *payer de sa personne*. Ce sentiment respire dans une réfutation du livre de Vauban, publiée en 1716, en forme de *Réflexions sur le Traité de la Dîme royale*, ouvrage auquel le nouvel éditeur aurait dû faire quelques emprunts, autant par esprit d'équité que parce qu'il abonde en renseignements curieux. Une page qu'on nous pardonnera de détacher d'un livre à peu près inconnu fera sentir l'accent d'une parole vraiment noble. « Pour ce qui est de la noblesse, la charte de ses privilèges qu'on veut déchirer est écrite du plus pur de son sang. Elle en a joui sans interruption depuis l'établissement de la monarchie, et c'est le seul avantage et la seule distinction qui lui restent. Y aurait-il de la justice à l'en priver ? La seule raison qu'on apporte contre elle est que tous les sujets indistinctement sont obligés de contribuer aux besoins de l'état ; mais cette maxime, bien loin de lui être contraire, lui est entièrement favorable : car si les roturiers paient la taille, et si les gentilshommes en sont exempts, de combien les roturiers ne jouissent-ils pas d'autres avantages dont les gentilshommes sont privés ? Les roturiers ont le commerce et les arts qui peuvent les enrichir, et cela est défendu aux gentilshommes, à peine de déroger et de perdre les privilèges de leur noblesse. Les roturiers ne sont aucunement dans l'obligation de servir dans les armées ; les gentilshommes, qui y sont engagés par honneur et par leur naissance, n'ont que des occasions de se ruiner dans le service. Si donc les premiers contribuent de leur bien, les autres ne contribuent pas moins du leur, quoique d'une manière différente, et outre cela, de leurs personnes, de leur sang, de leurs vices. Or, bien loin que la maxime invoquée puisse servir à priver les gentilshommes de l'exemption de la taille, il serait plus nécessaire, pour les mettre à cet égard en égalité avec les roturiers, d'augmenter leurs privilèges. L'argumentation est pressante, il faut l'avouer. M. Daire a tort de dire que ce prétendu *impôt du sang* n'était plus alors qu'une locution traditionnelle, et qu'en réalité les roturiers marchaient sous les drapeaux comme les nobles. Le soldat, recruté à prix d'argent, était nourri et soldé pour exercer volontairement un état de son choix, tandis que le seigneur en possession d'un fief devait prendre du service forcément et à ses frais. Il est évident que le métier des armes eût suffi pour ruiner les nobles, s'ils n'avaient pas eu pour se refaire les profits secrets du métier de courtisan.

Une considération qui contribua à paralyser les projets de réforme plus encore que le respect des droits acquis, ce fut la crainte d'irriter les gens de finance. Ils étaient déjà les maîtres de la paix et de la guerre, ces hommes qui, suivant le mot de Voltaire, soutiennent l'état, comme la corde soutient le pendu. Le rigide Vauban avait beau s'écrier : « Il faut se boucher les oreilles, aller son chemin et s'armer de fermeté. » Il ignorait qu'un coffre-fort ne se prend pas d'assaut comme une citadelle. Dans les pas franchement despotiques, l'équilibre est de temps en temps rétabli par des coups d'état frappés sur les spoliateurs. Il n'en est pas de même aux époques où les formes de la justice sont respectées ; alors ceux qui abusent le plus scandaleusement de leur prépondérance pour violer les lois de l'éternelle justice, sont les plus habiles à se retrancher sous la protection de la loi écrite. À mesure que les sociétés avancent, et que les relations, en se compliquant, agrandissent le rôle du crédit, le maniement de la fortune publique exige plus de fermeté et de vigilance. La lutte ténébreuse qu'il faut soutenir contre les traitants et les agioteurs devient d'autant plus fatigante pour le ministre des finances fidèle à son devoir, qu'il ne pourrait pas, comme ses collègues, retremper ses forces dans l'excitation de la popularité. Une mesure accueillie par un assentiment général mettrait en défiance ceux qui spéculent sur les abus, et elle soulèverait, de la part des hommes d'argent, une coalition avouée ou occulte, qui serait un embarras pour le gouvernement, sinon un danger pour le pays.

Pour combler l'abîme du déficit sans écraser les contribuables, sans froisser les privilégiés, sans effaroucher les gens de finance, il ne fallait rien moins qu'un magicien. Un homme aussi éblouissant par le prestige de ses manières que par la supériorité de son esprit se trouva précisément à la hauteur de ce rôle. Ce fut l'Écossais Jean Law. Fils d'un riche orfèvre d'Édimbourg, Law se trouva maître à vingt ans d'un patrimoine qui assurait son indépendance. Culture intellectuelle, verve d'élocution maintien imposant, charme de la figure, rare adresse aux exercices corporels, il réunit cet ensemble de qualités dont se compose alors le type du parfait gentilhomme. Il partage son oisiveté élégante entre le jeu, les intrigues d'amour et la fréquentation des cercles politiques. Les suites d'une affaire d'honneur le forcent à s'expatrier. Il visite en peu d'années Amsterdam, Paris, Venise Gênes, Florence, Naples et Rome, déjà ruiné et réduit aux ressources éventuelles de son industrie, mais trouvant toujours le moyen de bien mener la vie, affichant, comme par le passé, les bonnes grâces du cavalier libertin, le magnanime sang-froid du beau joueur, la pénétration du roué politique ; se faisant remarquer surtout par une aptitude innée à résoudre les problèmes de finance. À force de combiner les chances aléatoires, le jeu devient pour lui une profession lucrative : c'est ordinairement avec 100,000 livres qu'il se présente à une table de pharaon, et, pour compter plus vite, il fait fabriquer à son usage des jetons d'or de 18 louis. Cependant les spéculations du tapis vert sont loin de lui suffire : il ouvre à son intelligence une carrière plus digne d'elle. Le jeu sur les effets publics, métier ténébreux dont les secrets ne sont connus alors que d'un très petit nombre d'adeptes, lui procure en peu de temps des bénéfices considérables, à tel point qu'après des prodigalités qui l'égalent aux plus grands seigneurs, il peut réaliser, à son arrivée en France, 1,600,000 livres, c'est-à-dire 2, 857, 000 francs de notre monnaie.

Le genre d'existence que Law s'était fait avait attiré son attention sur l'essence et la fonction du numéraire, sur la mystérieuse puissance du crédit. Sans être précisément ce que nous appelons aujourd'hui un économiste, il avait acquis sur les phénomènes économiques des notions qui manquaient alors à la plupart des hommes d'état. À une époque de crise et de détresse presque générale, l'heureux agioteur, fasciné le premier par ses théories, se crut appelé au rôle de réformateur. Il commença par mettre ses lumières au service de son propre pays. La banque d'Ecosse, constituée en 1695, sur des principes vicieux, essayait de se régénérer. À cette occasion, Law s'empressa de formuler ses découvertes financières dans un volumineux mémoire intitulé : *Considérations sur le Numéraire et le Commerce*, travail qu'il présenta lui-même au parlement écossais, sans réussir à le faire adopter. Ce mémoire, qui est l'ouvrage le plus étendu de l'auteur et l'expression la plus complète de sa doctrine, développe les idées qui suivent : — La monnaie est le principe du travail ; et de la richesse ; les métaux précieux ne remplissent que par abus le rôle d'agents de la circulation. Il dépend du prince de les remplacer par du numéraire en papier, et cette substitution sera sans danger, pourvu que la quantité du papier émis ne dépasse pas les exigences de la situation commerciale. Non-seulement cette émission procurera d'énormes bénéfices au gouvernement qui s'en réservera le monopole, mais elle mettra en rapport toutes les forces productives du pays, parce qu'il deviendra possible d'avancer un capital d'exploitation à tous ceux qui auront une garantie quelconque à offrir. — Cette doctrine, on le voit, est une exagération erronée et dangereuse des principes sur lesquels repose la science du crédit, exagération excusable d'ailleurs chez celui qui le premier entrevoit, dans l'extase du génie, une idée nouvelle et féconde. Quant aux moyens d'application, Law savait mesurer son système aux circonstances politiques. En Ecosse, par exemple, il proposait l'institution d'une banque territoriale qui aurait livré aux propriétaires du papier ayant cours obligatoire jusqu'à concurrence d'une certaine portion de la valeur de leurs terres. Repoussé par ses compatriotes, il fit vainement des offres de service au gouvernement anglais, à l'empereur d'Allemagne, au duc de Savoie, aux ministres de Louis XIV. Il trouva enfin accès auprès du régent, et ce prince qui, dit-on, s'était parfois enfermé avec un chimiste pour chercher la pierre philosophale, put croire un instant qu'il l'avait trouvée dans les axiomes du financier écossais.

Que risquait-on d'ailleurs à faire une tentative ? Le grand roi laissait à son successeur un royaume complètement ruiné. Le capital de la dette publique, divisé en rentes consolidées et en dettes flottantes représentées par du papier à terme, était de 2,356,000,000 liv., qui équivaudraient à plus de 4 milliards de notre monnaie. Quoique l'impôt figurât sur les états pour une somme de 166 millions, les revenus libres ne dépassaient pas ordinairement 68 millions ; pour l'année courante, cette faible ressource avait été absorbée à l'avance : à peine pouvait-on espérer un recouvrement de 4 à 5 millions pour les derniers mois de l'année Les revenus des exercices suivants étaient également amoindris. Or, la moyenne des dépenses publiques était alors d'environ 200 millions par année : il y avait à prévoir en outre les échéances des billets royaux, qu'on évaluait à 700 millions. Quant aux emprunts, il n'y fallait pas songer. Louis XIV, peu de temps avant sa mort, avait été obligé de jouer, auprès des traitants et des maltôtiers, le rôle de courtisan pour obtenir une somme de 8 millions, qu'on daigna lui donner en échange de 32 millions d'effets royaux, c'est-à-dire à raison de 440 pour 100 ! Le seul dénouement qu'il fût possible de prévoir, c'était la banqueroute, remède désespéré auquel il est toujours temps de recourir. Dans cette extrémité, le régent se livra corps et âme à l'Écossais, de même qu'un siècle plus tôt on se fût donné au malin génie.

Il serait ici hors de propos de reproduire l'histoire du fameux *système*, la plus vaste, la plus aventureuse, la plus bizarre des expériences financières qu'une nation ait jamais risquées. Nous ne rappellerons pas les extravagances de la rue Quincampoix ni cette espèce de miracle qui lit que, pendant plusieurs mois, tout le monde méprisa l'or et l'argent, ni cette frénésie qui poussa une action de 500 livres jusqu'à 20,000 livres, pour la laisser retomber plus tard au-dessous d'un louis, ni enfin l'ébahissement stupide du public après le bouleversement général des fortunes. Tous les détails désirables sur les opérations du financier écossais sont consignés dans la notice de M. Daire. Ce travail fort étendu met les faits à la portée des lecteurs de toutes les classes ; mais il doit être particulièrement apprécié par ceux qui savent combien il est difficile de parler la langue des affaires sans sacrifier l'élégance et la précision. Nous reprocherons seulement M. Daire le ton d'aigreur qu'il ne peut s'empêcher de prendre en contrôlant le récit du plus célèbre de ses devanciers : Ces rectifications, qui n'ont pas l'accent d'une controverse bienveillante, sont des discordances nuisibles à l'effet général du morceau. S'il était vrai que M. Thiers eût commis quelques inexactitudes en crayonnant capricieusement le portrait de Law, il faudrait rappeler avec insistance qui a prodigué dans cette esquisse ces traits heureux qui donnent du relief à une physionomie, et communiquent à des études positives la séduction d'une fantaisie littéraire.

Une sorte de rancune traditionnelle poursuit encore la mémoire de Law : on dirait qu'après plus d'un siècle les gémissements de ses innombrables victimes trouvent encore des échos. Toutefois, en s'élevant au-dessus des passions individuelles, on doit reconnaître que le passage du hardi novateur n'a pas été sans quelque profit pour la France. Lorsqu'il fut admis dans les conseils du régent, la situation était désespérée, à tel point que les plus habiles n'entrevoyaient d'autres issues qu'une banqueroute ouverte ou une révolution dans l'état des personnes. On redoutait une crise dangereuse : grâce au *système*, la banqueroute et la révolution, s'accomplirent en effet, mais à l'insu de tout le monde, et dans le délire d'une sorte d'orgie au sortir de laquelle personne n'avait le droit de se plaindre. Le gouvernement se trouva libéré d'une grande partie du fardeau qui l'accablait[7] ; tous les capitaux du pays ayant été remués, la circulation longtemps suspendue avait repris son cours. Quelle que soit d'ailleurs la sévérité du juge, la circonstance atténuante ne manque pas à l'accusé. C'est sa bonne foi, son désintéressement. Il aurait pu mettre en réserve des trésors ; il ne s'abaissa pas jusqu'à prévoir un revers de fortune. Lorsqu'il dut fuir devant l'exécration publique, il quitta ce pays où il avait apporté une fortune considérable avec 800 louis, produit d'un remboursement inattendu qui lui fut fait à l'instant du départ. Retiré à Venise, il vécut neuf ans encore dans un état de pénurie, interrompu seulement par les bonnes chances du jeu.

Le publiciste nous intéresse ici plus que l'homme d'état. Nous avons déjà dit que Law ne fut pas, à proprement parler, un écrivain économique ; on ne retrouverait pas en lui un de ces maîtres qui se placent en présence du public et prennent la plume dans l'intention de vulgariser une découverte. Tous ses écrits sont des mémoires à l'appui des opérations qu'il méditait. Ses *Considérations sur le Numéraire*, soumises au parlement d'Écosse comme introduction à son projet de banque territoriale, n'ont été traduites en français que postérieurement, par M. de Sénovert, le premier collecteur de ses œuvres[8]. Ses divers *Mémoires sur les Banques et les Monnaies*, adressés au régent ou à ses conseillers, ne sont que des exposés de motifs du *système* : les lettres publiées dans les journaux du temps tiennent lieu de prospectus à l'adresse du public. Ces écrits fort ingénieux révèlent une remarquable perspicacité : ils contiennent néanmoins des erreurs de doctrine qui, dans l'application, devaient aboutir à une catastrophe. Law acceptait sans contrôle les idées qui régnaient de son temps en matière de politique commerciale. Sons l'influence de ce *système mercantile* qui avait pour but l'accumulation des métaux précieux, il croyait qu'une nation, de même qu'un particulier, est d'autant plus riche qu'elle possède plus de numéraire ; son erreur était de croire que le capital mobile destine aux échanges, faible portion de la richesse d'un pays, en constitue à lui seul la richesse entière. Avancer d'une manière absolue, comme on l'a fait souvent, même depuis Law, que « toute augmentation de numéraire ajoute à la valeur d'un pays, » c'est émettre un axiome fort dangereux. L'accroissement du capital circulant est à la vérité un grand bienfait pour les peuples arriérés à qui manque l'argent, le premier outil du travail : chez ceux-ci, à mesure que le mouvement des capitaux est accéléré, toutes les entreprises, jusqu'alors languissantes, semblent vivifiées par enchantement ; les bras inoccupés trouvent facilement un emploi utile ; on remarque une sorte d'épanouissement général, qui se manifeste surtout par un accroissement de population. Supposez au contraire, chez un peuple déjà enrichi par l'industrie, une augmentation subite et excessive du numéraire ; il n'en résultera qu'une perturbation nuisible à tous les intérêts, et particulièrement à ceux de la classe pauvre. Le cercle des spéculations profitables étant épuisé, le capital surabondant cherchera à s'utiliser à tout prix ; il se fera concurrence à lui-même, et se dépréciera par sa profusion. Un prompt renchérissement de toutes les marchandises aura pour effet de déranger l'équilibre des fortunes et de rendre impossibles les relations commerciales avec l'étranger.

On était si loin d'un pareil excès, au commencement du XVIIIe siècle, qu'il était difficile de le prévoir, même théoriquement. Pour les administrateurs, l'augmentation du numéraire était vraiment le grand problème à résoudre. Comment atteindre ce but ? Les anciens financiers croyaient, sur la foi des docteurs de l'église, qu'une pièce n'est qu'un signe représentatif, qu'un billet, dont l'effigie du prince est la signature, et dont la matière est indifférente. En conséquence ils refondaient la monnaie pour faire deux ou trois pièces avec une ; ou, plus simplement, ils se contentaient de *remarquer* les anciennes pièces pour leur attribuer une valeur plus élevée. Law comprit fort bien que la pièce de monnaie est un billet portant en lui-même sa garantie, c'est-à-dire que sa valeur conventionnelle a pour base sa valeur intrinsèque comme métal. Mais, précisément parce que l'or et l'argent en leur qualité de marchandises, sont soumis à des variations de hausse et de baisse, de rareté et de surabondance, Law prétendit qu'il y aurait avantage à les remplacer par de la monnaie de papier. De la sorte, disait-il, le nouvel agent de la circulation, le papier, émis sous bonne garantie et avec une sage réserve, conserverait une valeur strictement déterminée, et serait toujours proportionné aux besoins du pays, par la facilité qu'on aurait d'étendre ou de restreindre l'émission. Il restait, dans cette hypothèse, à trouver la garantie du papier-monnaie. L'ambition de ceux qui demandent aujourd'hui l'extension illimitée du crédit était déjà le rêve de Law. Il voulait mobiliser, en les représentant par des billets, les valeurs qui, par leur nature, sont exclues de la circulation. En Ecosse, il conseillait de donner pour gage au papier de la banque la propriété territoriale ; en France, il croyait constituer un fonds de réserve suffisant avec le produit éventuel de l'impôt et les bénéfices présumés des grandes compagnies privilégiées pour le commerce maritime. Ces garanties pourraient être suffisantes pour de simples obligations cotées sur la place, et transmises de gré à gré, comme des coupons de rente ou des actions de commerce ; elles cessent d'être valables pour du papier-monnaie ayant une valeur précise et un cours obligatoire. Veut-on que le papier tienne lieu de monnaie ? Il faut lui assurer une garantie certaine et immédiatement réalisable. Si les billets de la banque de France sont préférés à l'argent, c'est qu'on sait bien que l'encaisse de cet établissement, ses lingots et son portefeuille constituent une valeur *disponible* supérieure à ses émissions. Si, au lieu d'un trésor métallique, la banque possédait une richesse dix fois plus grande en fonds de terre, l'incertitude de la réalisation ne manquerait pas de faire subir une dépression à ses effets. Quant à la promesse de proportionner le numéraire aux demandes du commerce, de façon à ce que « la monnaie ne soit jamais ni à trop bon marché ni trop chère, » c'est encore une illusion. Outre qu'il n'est pas facile d'apprécier les besoins de la circulation, il n'y a, ce nous semble, qu'un moyen de retirer des mains du public le papier surabondant ; c'est de le rembourser avec des valeurs réelles. Or, nous ne concevons pas comment ce remboursement pourrait avoir lieu, si on opérait la démonétisation de l'or et de l'argent qui a été, suivant M. Daire, l'idée fixe de Law. Au lieu de pouvoir resserrer la circulation des billets en temps de crise, il arrive presque toujours, au contraire, qu'on est obligé d'en augmenter le nombre pour compenser leur avilissement. Ce fut ainsi que Law le premier se trouva entraîné à lancer pour plus de deux milliards et demi de billets de banque, sans compter les actions des compagnies, et que la république, malgré sa bonne foi, fabriqua pour quarante-cinq milliards d'assignats. Beaucoup d'économistes répètent encore d'après Ricardo, l'un des oracles de la science que « le numéraire est parfait quand il ne consiste qu'en papier, mais en papier parfaitement égal en prix à la quantité de métal fin de toutes les pièces qu'il représente. » C'est émettre un vœu concevable en théorie, mais sans application durable dans la pratique.

La destinée de Law fut de tous points bizarre. Cet homme qui avait rendu service à la France par des opérations suspectes de fraude fut, comme publiciste, utile à la science par des théories entachées d'erreur. Dégoûtés pour jamais des innovations, les hommes d'état s'enfoncèrent systématiquement dans l'ornière de la routine, et, jusqu'à la crise de 1789, vécurent au jour le jour des plus déplorables expédients financiers. Mais, dans l'élite du public, l'attention demeura vivement excitée sur les phénomènes du crédit et sur l'importance des opérations commerciales. Les cercles littéraires s'applaudirent de trouver dans les problèmes d'économie sociale un texte de controverse en harmonie avec l'exaltation philanthropique de la philosophie régnante. Au premier rang des ouvrages en faveur desquels la vogue se déclara, il faut placer l'*Essai Politique sur le Commerce*, qui eut quatre éditions en peu d'années. L'auteur, Jean-François Melon, employé dans les conseils de la régence, et plus tard secrétaire particulier de Law, n'est toutefois qu'un bel esprit enclin au paradoxe et d'une médiocre pénétration. S'il déploie une certaine habileté de vulgarisation, c'est moins parce qu'il possède les secrets de la logique et de l'art d'écrire que parce qu'il sacrifie au mauvais goût pour se mettre à l'unisson des esprits vulgaires. S'agit-il, par exemple, de résumer l'histoire financière de la régence ? il emprunte le jargon allégorique des mauvais romanciers de son temps. Le bramine *Elnaï* (Law) veut faire le bonheur des habitants de l'île de Formose (les Français) ; père de la belle *Panima* (la banque), princesse douée d'une puissance magique, il la marie au prince des Formosans *Aurenko* (le régent) ; … etc. Cet épisode, imaginé sans doute pour égayer un sujet sérieux, peut donner une idée d'une *Histoire allégorique de la Régence*, qui fut le début littéraire de l'auteur. Ces niaiseries sont moins choquantes peut-être que certaines contradictions, certains paradoxes de Melon. Il se déclare pour la liberté du commerce dans l'intérêt du consommateur, et après un éloge de l'esclavage, il conclut la possibilité de son rétablissement en Europe. Il soutient que l'altération des monnaies, si fréquente et si funeste au moyen-âge, est licite et avantageuse, parce que cette mesure, étant profitable aux débiteurs, tourne au profit du gouvernement qui a toujours des dettes et du peuple lui-même, où les débiteurs sont toujours en plus grand nombre que les créanciers. Dans un chapitre sur l'industrie, un des plus piquants de l'ouvrage, il semble entrevoir les merveilles de cette attraction passionnée si chère aux fouriéristes, et il recommande le mélange des hommes et des femmes dans les ateliers « La nature, dit-il, a mis dans les deux sexes un désir réciproque d'être ensemble, de se plaire et de se servir mutuellement. Ce que la galanterie et la politesse font faire à des hommes du monde, le paysan le fait grossièrement pour la paysanne : il veut paraître fort à porter la hotte, comme le chevalier à porter la cuirasse. Lorsque des hommes et des femmes travailleront ensemble à la construction, d'un canal ou d'un grand chemin, le travail sera plus animé et moins dur. Otez-en un sexe, l'autre aura peu d'empressement à y aller. » Ces bizarreries, il est juste de le dire, sont rachetées par quelques idées judicieuses et fécondes. On ne pouvait d'ailleurs éviter de comprendre l'*Essai sur le Commerce* dans une collection des écrivains économiques qui ont fait époque. Suivant la remarque de M. Daire, Medon est le véritable théoricien de l'école mercantile, et le grand succès obtenu par son œuvre permet de la considérer comme un écho des doctrines politiques en faveur dans les hautes classes de la société après les orgies de la régence et le bouleversement du fameux *système*.

Un service dont il faut savoir gré à Melon a été de provoquer des études et des publications utiles, notamment les *Réflexions sur le Commerce et les Finances* de Dutot, qui à son tour a été combattu par le fameux financier Paris-Duverney. Tout ce qu'on sait de Dutot, c'est qu'il était caissier de la Compagnie des Indes pendant la gestion de Law. Homme de savoir et de pratique, plus à portée qu'aucun autre d'observer les effets de la circulation des espèces, il crut faire acte de bon citoyen en protestant contre des doctrines pernicieuses dont un gouvernement inhabile et corrompu n'eût pas manqué d'abuser. Nous avons déjà parlé de cette complaisante théorie en vertu de laquelle les espèces métalliques ne cessèrent d'être affaiblies, en France comme dans le reste de l'Europe, depuis les premiers âges des monarchies modernes jusqu'au commencement du XVIIIe siècle. Précisons les faits. Sous les premiers successeurs de saint Louis, avec une livre d'argent au poids, on taillait environ sept livres de compte : aujourd'hui, avec un demi-kilogramme équivalent de la livre, on fabrique une valeur de 100 francs. Comme théoricien, Law avait vivement condamné cet expédient désastreux ; il avait eu l'honneur de démontrer que toute pièce de monnaie est une marchandise dont la valeur d'échange est indépendante de la volonté du souverain. Arrivé au pouvoir, il tourmenta les espèces avec plus d'imprudence qu'aucun de ses devanciers ; mais ce n'était plus pour spéculer sur la dépréciation. Uniquement préoccupé de faire prévaloir sa monnaie de papier, il voulait destituer pour ainsi dire, la pièce d'argent de sa valeur intrinsèque, en lui imprimant des variations convulsives. Ainsi en 1720, une pièce d'une livre émise par le gouvernement se composait un jour de la 61e partie d'un marc d'argent, quelques jours après de la 130e ; puis elle remontait jusqu'à la 14e partie, pour déchoir rapidement jusqu'à la 173e. Ces manœuvres audacieuses étaient de nature à laisser sur la mémoire de l'Écossais une sorte de flétrissure.

Ce fut peu de temps après que Melon, disciple de Law, émit sur la circulation du numéraire les principes que nous avons déjà eu occasion de condamner, sans nier absolument que les espèces métalliques eussent cette valeur intrinsèque qui leur sert de garantie, il soutenait que les falsifications pouvaient, en certaines circonstances, tourner à l'avantage du pays, et qu'alors il entrait dans les devoirs de l'homme d'état de les pratiquer. À une époque d'inexpérience presque générale, son argumentation était spécieuse : elle avait séduit Voltaire lui-même. Le judicieux Dutot prit alors la plume pour établir qu'on ne doit pas plus toucher aux monnaies qu'aux autres mesures, et, depuis la publication de son livre, il ne s'est plus trouvé un administrateur assez inconsidéré pour spéculer sur la détérioration du numéraire. Il faut distinguer, dans les *Réflexions sur les finances, la portion dans laquelle Dutot se propose de disculper Law, son protecteur, de celle* où *l'intelligent caissier expose les résultats de sa propre expérience Dans son plaidoyer en faveur d'un maître qu'il admirait, Dutot a insinué des erreurs de doctrine et des allégations de faits qui ont été rudement réfutées par Paris-Duverney, l'ennemi personnel de Law. Dans sa thèse économique, au contraire, l'auteur fait preuve d'une remarquable sagacité. Il a l'art d'appuyer le raisonnement abstrait par des recherches d'érudition qui relèvent son livre en lui communiquant l'inépuisable intérêt des traités historiques. Veut-il prouver, par exemple, que l'altération des monnaies est aussi préjudiciable aux princes qu'aux sujets ? il constate minutieusement le total des revenus publics, la valeur relative de l'or et de l'argent, et le coût des denrées principales à diverses époques de notre histoire. Avec ces éléments de comparaison, et après une infinité de calculs, il arrive à conclure que les rois du XVIe siècle, quoique percevant en tributs des sommes* nominalement *inférieures à celles qui étaient perçues par leurs successeurs, se trouvaient en réalité plus riches ; qu'ainsi le budget de Louis XV, estimation faite de la puissance relative du numéraire à diverses époques, était inférieur de 66 millions à celui de Louis XII, de 128 millions à celui de François Ier, de 124 millions à celui de Henri II, de 163 millions à celui de Henri III^2. Ces calculs ne se prêtent pas à une vérification rigoureuse ; mais, fussent-ils inexacts, ils auraient encore le mérite de constater les effets de l'avilissement progressif des valeurs monétaires, phénomène sur lequel on a le tort de fermer les yeux aujourd'hui, et qui mériterait pourtant d'être pris en considération sérieuse, surtout dans l'intérêt des classes pauvres : car il pourrait arriver que les abus du crédit produisissent à la longue, au profit des gens de finance, à peu près les mêmes effets que ces falsifications d'espèces pratiquées au moyen-âge par le souverain.*

Une réaction devait suivre inévitablement la prétendue réforme financière. On entrevit d'instinct que la spéculation la plus propre à enrichir véritablement la France serait l'exploitation des ressources naturelles de son territoire. Cette idée eut pour interprètes les *physiocrates*, qui les premiers réduisirent en corps de doctrine la science des intérêts matériels, et lui donnèrent le nom d'*économie politique*, qui lui est resté. Les écrivains de cette estimable école, Quesnay, Mercier de la Rivière, Letrosne, Mirabeau le père, Dupont de Nemours, Turgot, fourniront matière à de prochaines publications que nous ne manquerons pas d'examiner l'intérêt qui s'attache à la première série est de bon augure pour celles qui vont suivre. M. Daire, il y a justice à le répéter, a fait preuve de zèle et d'intelligence dans l'accomplissement de sa tache laborieuse. Ses notices biographiques sont bien étudiées et de bon style ; ses notes, abondantes sans profusion, éclaircissent tout ce qui a rapport aux lois, aux doctrines, aux locutions tombées en désuétude. Ces retours continuels du temps passé à l'époque présente ont permis à l'auteur de constater les progrès de la science, et de signaler les problèmes dont la solution est encore à désirer. Ses sympathies franches et généreuses ne se défendent pas assez, dans l'expression, des habitudes d'un libéralisme un peu déclamatoire. Dans les allusions fréquentes aux choses de ce temps, l'aigreur de la polémique quotidienne perce un peu trop peut-être pour un livre qui mérite de rester comme un monument scientifique. Au surplus, il ne faut pas trop blâmer chez un écrivain cette nuance de fanatisme pour la science qui occupe toutes ses pensées : elle a pour cause l'excitation d'un travail opiniâtre, et témoigne de la sincérité de ses convictions.

Ceux qui étudieront ces économistes primitifs que nous avons essayé de faire connaître, en garderont sans doute une impression que nous avons continuellement ressentie pendant le cours de notre travail : c'est qu'en observant les sciences économiques à leur point de départ, on demeure convaincu qu'elles ont déjà beaucoup fait pour l'amélioration matérielle des sociétés, et qu'au tableau des abus et des misères du temps passé, on se sent disposé à plus d'indulgence pour les hommes et pour les choses de notre temps.

Notes

1.   Cette première série est comprise en un seul volume grand in-8°, compact, de plus de 1,000 pages. Chez Guillaumin, libraire, galerie de la Bourse, 5.

2.   Il a été distribué, pendant l'avant-dernière session, à chacun des hommes politiques, 10,230 pages de comptes et de documents, presque tous relatifs aux finances.

3.   Les anciens publicistes emploient souvent dans un même

sens ces mots opposés : augmentation ou affaiblissement de la monnaie ; c'est qu'en augmentant la valeur nominative attribuée à une pièce, on affaiblissait sa valeur intrinsèque et réelle.

4. Vauban compléta ainsi une précieuse collection, qu'il distribua, en forme d'archives, sous ce titre modeste : Oisivetés de M. de Vauban, ou Ramas de plusieurs mémoires de sa façon sur différents sujets. Quelques biographes ont avancé que ce recueil ne formait pas moins de quarante volumes in-f°. Les tomes II et III seulement ont été conservés, et se trouvent à la Bibliothèque royale.

5. L'ame de Vauban se peint dans ces lignes, écrites à l'occasion de la contribution à prélever sur les classes ouvrières : « Il faut bien prendre garde, dit-il, qu'il y a des artisans bien plus achalandés les uns que les autres, plus fort, et plus adroits, et qui gagnent par conséquent davantage, et d'autre qui gagnent moins, et dont les qualités sont cependant égales. Ce sont toutes considérations dans lesquelles on doit entrer le plus avant qu'on pourra, avec beaucoup d'égards et de circonspection, et toujours avec un esprit de charité. »

6. Tous les paragraphies de cet opuscule commencent par cette formule : Faut-il attendre la paix pour…

7. On avait remboursé le capital des rentes sur l'état avec des actions de la Compagnie des Indes. Cette opération ayant été faite au plus forte de la hausse, il arriva que les rentiers crurent faire une excellente affaire en recevant, au cours de 5,000 livres, des actions de 500 livres.

8. Cette première édition (1790) a servi de base à la réimpression de M. Daire. Celle-ci est enrichie de quatre Lettres sur le nouveau système des Finances, publiées par Law dans le Mercure de France de 1720, et d'un Mémoire fort remarquable sur les Monnaies, que Forbonnais nous a conservé, en l'insérant dans ses propres œuvres.

9. Dans cette évaluation, Dutot laisse en dehors l'argent absorbé par l'intérêt des dettes publiques. Il ne compte que la partie disponible et applicable aux dépenses courantes. Il prend aussi en considération les acquisitions territoriales de la France pendant le XVIIe siècle.

André Cochut

II. MALTHUS[1]

Tant que la philosophie du XVIIIe siècle demeura à l'état de théorie, elle donna le ton à l'Angleterre comme au reste de l'Europe ; mais, du jour où la révolution française devint menaçante, les esprits se divisèrent suivant la pente de l'intérêt personnel : une polémique aigre et turbulente sema sur tout le sol britannique des germes de discorde. Cette divergence d'opinions était fortement prononcée, il y a environ cinquante ans, au sein d'une honorable famille du comté de Surrey. Le chef de cette famille, homme de studieux loisirs, avait laissé flotter son esprit au courant des idées en vogue ; l'honneur que lui avaient fait David Hume et Jean-Jacques Rousseau en le visitant dans l'agréable manoir qu'il possédait à Rookery, près de Dorking, avait décidé de ses convictions ; ses sympathies étaient irrévocablement acquises à tout projet de réforme présenté au nom de la philosophie. De deux fils qu'il avait, le second, privé de sa part dans l'héritage paternel pour assurer la fortune de l'aîné, était entré dans les ordres, et desservait, en qualité de vicaire, une paroisse du voisinage. Celui-ci était disposé à défendre les vieilles institutions qui abritaient son existence. Ainsi, par un renversement d'idées assez remarquable, le vieux père était un novateur inconsidéré, le jeune homme un conservateur rigide et convaincu. Il n'est pas nécessaire d'ajouter qu'entre personnes dignes et réservées cet antagonisme n'avait aucune amertume. C'était simplement un thème de conversations intéressantes, un excitant pour les esprits.

Un recueil politique, fondé pour la propagation des idées révolutionnaires, fournissait un aliment périodique à la controverse. Ce recueil, intitulé l'*Examinateur* ou plutôt le *Chercheur* (*Inquirer*), avait pour écrivain principal William Godwin, non moins célèbre à cette époque par ses pamphlets démocratiques que par le beau roman qui est resté son titre légitime à la renommée. Parmi les articles qui firent sensation, on citait un *Essai sur l'Avarice et la Prodigalité*. C'était un cri de révolte contre les institutions humaines qui partout ont permis à un petit nombre d'individus d'enfouir ou de gaspiller les biens qui eussent assuré l'existence d'un très grand nombre de leurs semblables : le fougueux novateur dénonçait les gouvernements comme complices et responsables des misères sociales, et terminait, suivant son habitude, par des anathèmes contre la propriété. Ces déclamations, retentissant au milieu du petit cercle de Rookery, semblaient un défi à l'adresse du jeune vicaire : il entreprit d'y répondre. Les arguments que lui fournirent ses méditations et ses études journalières prirent peu à peu la forme et les développements d'un livre. En 1798, un mince volume parut sous le titre d'*Essai sur le principe de la population*. Cette première édition, lancée timidement et sans nom d'auteur, était un essai véritable. Un groupe d'amis initiés aux conférences du presbytère savaient seuls que le petit volume était l'œuvre de Thomas Robert Malthus.

Né le 14 février 1766, Malthus pouvait avoir trente ans lorsqu'il prit la plume. Une bonne éducation, une jeunesse laborieuse et réfléchie, l'avaient suffisamment préparé à une lutte de ce genre. C'était un homme éclairé, non pas un érudit. Quoiqu'il ait porté plus tard le titre de professeur d'histoire au collège de la Compagnie des Indes-Orientales, la partie historique de ses écrits n'annonce pas en ce genre un savoir original. Il se contentait de puiser aux sources consacrées. Montesquieu, Hume, Wallace, les économistes Price, J. Stewart et Adam Smith, furent, de son aveu, ses seuls auxiliaires pour sa première édition. Plus tard, il interrogea les statisticiens, les voyageurs. Il parcourut lui-même plusieurs contrées de l'Europe. Au surplus, ce qui aurait pu lui manquer du côté de l'érudition était amplement compensé par la clairvoyance et la subtilité de son esprit. Sa force consistait dans une puissance d'analyse et une rigidité d'argumentation vraiment extraordinaires. En possession d'un fait vrai, il le formulait en axiomes et le poussait jusqu'aux extrémités les plus désolantes, avec un calme tellement imperturbable, qu'on était tenté de le prendre pour de la sécheresse de cœur.

Le petit livre anonyme fit assez de bruit pour que son auteur devînt en peu de temps un homme célèbre. La vie entière de Malthus se trouva dès-lors engagée à la défense du *principe* auquel la voix publique associa son nom. L'œuvre primitive, enrichie sans relâche de faits et d'arguments à l'appui, prit un développement considérable qui ne s'arrêta qu'à la cinquième édition anglaise, celle de 1817[2], dont le texte a été suivi pour la présente traduction. Ainsi, l'*Essai sur le principe de la population* représente un labeur de vingt années. Jamais thèse scientifique n'excita une émotion plus générale, plus profonde, plus durable. On compterait, en Angleterre seulement, plus de vingt ouvrages de longue haleine destinés à la réfuter, et une soixantaine de ces articles de *revues* anglaises qui sont encore des livres. D'un côté, des admirateurs passionnés élevaient Malthus au rang de ces hommes de génie qui ont révélé au monde une des grandes lois de la nature ; d'un autre côté, des protestations haineuses attachaient au nom de l'impassible philosophe une sinistre popularité.

Un livre lu et discuté par toutes les classes, divinisé et maudit, était-il donc une de ces œuvres d'art et de passion qui se recommandent par une belle ordonnance et l'ardeur sympathique du style ? Aucunement. Malthus, qui avait trop de candeur pour se parer d'une modestie menteuse, confessait la vérité lorsqu'il disait dans sa préface : « C'est volontairement que je renonce à toute prétention d'auteur relativement à la forme de la composition. » De son propre aveu, son art consistait à revenir sans cesse sur l'axiome principal, à le répéter sous toutes les formes chaque fois que l'occasion l'y invitait. Son livre, entassement de matériaux autour d'une idée fixe, est verbeux, confus et démesurément long. La lecture suivie et complète en deviendrait fatigante, les recherches même n'y seraient pas faciles sans les soins intelligents des nouveaux éditeurs.

Le point capital pour la fortune d'un écrivain, c'est d'arriver à propos. Malthus eut ce bonheur. Au moment où l'aristocratie anglaise chancelait du coup qui avait renversé celle de notre pays, Malthus se présenta comme le théoricien du torysme, l'économiste des privilégiés[3]. À la vague furie des novateurs, il opposa un système exact dans ses généralités, d'une trame habile et solide. On répétait depuis un siècle à la multitude que le despotisme des aristocraties, les abus des gouvernements, sont les seuls obstacles à l'accroissement illimité comme au bonheur du genre humain. En réponse à ces accusations, Malthus venait dire : — L'espèce humaine a tendance à multiplier plus rapidement que la nourriture sans laquelle elle ne peut vivre ; elle est douée d'une vertu prolifique illimitée, tandis que la production des substances nutritives a pour limites infranchissables l'étendue et la fertilité du domaine de chaque nation. Une population placée dans des circonstances très favorables peut doubler en peu d'années, en vingt-cinq ans, par exemple, comme dans les États-Unis de l'Amérique du Nord ; il est même arrivé que la période de doublement n'excédât pas douze à quinze années[4]. Quelle que soit, au contraire, l'énergie humaine, la somme des denrées ne saurait être augmentée que peu à peu, et bientôt on atteindrait le terme où l'espoir d'une augmentation deviendrait chimérique. Ainsi, pour matérialiser le principe au moyen des chiffres, tandis que la tendance de l'espèce humaine est de s'accroître suivant une progression algébrique, c'est-à-dire par nombres qui procèdent en se doublant, comme 1 — 2 — 4 — 8 — 16, etc., les objets destinés à la nourriture de l'homme ne peuvent jamais être accrus que dans l'ordre arithmétique, c'est-à-dire suivant la progression simple des nombres, comme 1 — 2 — 3 — 4 — 5, etc. Il saute aux regards que, dès le troisième terme de la progression, le nombre des hommes est déjà en disproportion avec la masse des aliments. Or, comme on ne peut vivre qu'à la condition de se nourrir, il faut que ceux à qui manqueront les aliments périssent. La Providence, qui les condamne à la mort, n'a pas d'autres moyens de rétablir l'équilibre entre le nombre des bouches affamées et celui des rations disponibles. Quand la mort viendra, elle frappera de préférence dans la foule ceux que les privations auront déjà affaiblis.

Tel est le fameux *principe* de Malthus. La conclusion politique qui en ressort est évidente : l'impitoyable logicien ne chercha pas à l'atténuer. S'il est dans les lois de la nature que la multiplication des hommes soit toujours disproportionnée avec celle des aliments, la misère du plus grand nombre est une fatalité contre laquelle il est ridicule de se révolter. Les efforts pour améliorer les lois, la critique des actes politiques, ne servent plus qu'à irriter un mal sans remède. « La cause principale et permanente de la pauvreté a peu ou point de rapport avec la réforme du gouvernement. » Toute réforme qui aurait pour but une répartition plus fraternelle des biens sociaux est chimérique, puisqu'avec l'aisance générale la population croîtrait inévitablement au point de déterminer une pénurie générale. Qu'on cesse donc de déclamer contre l'égoïsme des privilégiés et l'incurie des gouvernements. Les souffrances des pauvres n'ont qu'une cause, cette puissance prolifique qu'ils ne savent pas contraindre. Il n'y a qu'un seul remède à leurs maux, et ce remède dépend d'eux : il faut qu'ils apprennent à dominer leurs instincts sensuels, qu'ils mettent au monde un moins grand nombre d'enfants.

Une autre conséquence du même principe était de nature à faire sensation en Angleterre, parce qu'elle touchait à un abus généralement senti. On se rappelle ce passage de Malthus mille fois cité : « Un homme qui naît dans un monde déjà occupé, si sa famille ne peut pas le nourrir, ou si la société ne peut utiliser son travail, n'a pas le *moindre droit* à réclamer une portion quelconque de nourriture, et il est réellement de trop sur la terre. *Au grand banquet de la nature, il n'y a pas de couvert mis pour lui.* La nature lui commande de s'en aller, et elle ne tarde pas à mettre cet ordre à exécution. » Cette phrase, qu'on peut lire dans la seconde édition de 1803, a été retranchée dans les éditions postérieures : la pudeur publique en a commandé le sacrifice. On pouvait supprimer les mots, mais non le sentiment qui est l'âme de l'ouvrage. Si la peine de mort est prononcée contre ceux qui ont le tort de n'avoir ni argent ni travail, pourquoi s'épuiser dans une lutte contre la fatalité ? pourquoi ruiner le pays pour mettre le couvert de ceux que la nature n'a pas conviés à son festin ? L'inflexible Malthus fut donc le premier à protester contre la charité légale, c'est-à-dire l'assistance accordée aux indigents comme un droit, et au moyen d'un impôt prélevé sur les classes fortunées. Ce genre de charité, n'étant, selon lui, qu'un encouragement à la population, aggrave le mal au lieu de le guérir. « Il faut, dit-il en développant sa pensée avec une incroyable dureté de paroles, il faut désavouer publiquement le prétendu droit des pauvres à être entretenus aux frais de la société. À cet effet, je proposerais une loi portant que l'assistance des paroisses serait refusée aux enfants nés d'un mariage contracté plus d'un an après que cette loi aurait été promulguée, et à tous les enfants illégitimes nés deux ans après la même époque. » Il n'était pas difficile de propager une telle conviction dans un pays où le paupérisme est une plaie mortelle. Plusieurs hommes d'état se concertèrent pour obtenir la révision de l'ancienne loi des pauvres. *L'Essai sur la population* leur parut un excellent manifeste pour cette campagne parlementaire, et ils provoquèrent cette réimpression de 1817, qui fut le dernier mot de Malthus. La proposition ne fut admise qu'en 1834, après quinze ans de luttes contre d'anciens et honorables préjugés : elle ne réalisa pas à la rigueur les idées du théoricien. On garda une juste limite en conservant de la charité légale ce qui est indispensable au soulagement de l'infortune, sans fournir un excitant à la pullulation des pauvres. La taxe fut considérablement allégée, sans accroissement apparent de la misère publique. La pensée de Malthus domina cette réforme, et la majorité du pays lui sut gré du résultat. La même influence ne se fit pas sentir en Angleterre seulement. Une vive critique des établissements de bienfaisance, et surtout des hospices d'enfants trouvés, retentit dans tous les états européens, et, parmi les administrateurs, il y a tendance presque générale aujourd'hui à modifier les vieilles traditions de la charité catholique.

On conçoit maintenant l'autorité de Malthus parmi ceux qui ont charge de gouverner les peuples, et la répulsion instinctive qu'il a causée dans la foule. Il y eut un moment où la crainte d'une population surabondante troubla beaucoup d'esprits. De graves économistes demandèrent qu'on avisât aux moyens de réduire le nombre des mariages. Des mesures en ce sens furent prises dans diverses parties de l'Allemagne, comme s'il suffisait de mettre obstacle à l'union légitime des pauvres pour empêcher leurs rapprochements. Il y avait plus de logique chez ce digne conseiller saxon, du nom de Weinhold, qui, dans un gros livre publié à Halle en 1827, proposa un remède de nature à donner à la société d'excellents chanteurs plutôt que de bons citoyens. Un autre système, qui peut-être n'est qu'une réfutation ironique de celui de Malthus, a fait du bruit en Angleterre il y a six ans seulement. L'auteur, déguisé sous le nom de Marcus, proposait l'*asphyxie sans douleur*, c'est-à-dire la faculté, accordée aux parents qui croiraient avoir déjà assez d'enfants, d'étouffer les autres dans une boîte au moyen du gaz carbonique.

Plaçons-nous à notre tour en présence de ce redoutable problème de la population, en nous gardant, s'il est possible, du vertige auquel on s'expose quand le regard plonge au fond d'un abîme. Essayons de démêler, avec l'impartialité scientifique, ce qu'il y a de vrai, ce qu'il y a de suspect dans les principes du philosophe anglais.

L'originalité de Malthus ne réside pas dans cet axiome, que la population a pour limites la quantité de nourriture disponible. Ce fait, que le simple bon sens laisse entrevoir, avait déjà été énoncé par Quesnay, Montesquieu, Franklin, et plusieurs autres économistes moins connus. Mirabeau père en avait même tiré une conséquence bien supérieure aux préjugés de son temps, puisqu'elle répondait au principal grief opposé par les philosophes aux ordres monastiques. « Les célibataires, disait *l'ami des hommes*, accroissent la population d'un état loin de lui nuire, si à la contrainte du célibat est jointe quelque autre sorte d'institution qui les oblige à vivre de peu et à ne point faire de consommations inutiles. » La thèse propre à Malthus consiste dans la prétention de démontrer que les hommes se multiplient *toujours* au-delà de leurs ressources, et que l'excédent *inévitable* de la population devient la cause fatale, irrémédiable, des souffrances et de la mort prématurée du plus grand nombre.

Ce point de vue, tout-à-fait nouveau dans la science, était en opposition formelle avec les idées généralement admises. Jusqu'alors les hommes d'état avaient été d'accord avec les moralistes pour favoriser indéfiniment l'accroissement des peuples. En parcourant les dissertations des anciens casuistes sur l'œuvre de chair, et notamment le lubrique traité du jésuite Sanchez *de Matrimonio*, on découvre aisément que, dans l'appréciation des cas de conscience, ils mesurent la culpabilité des actes obscènes suivant le préjudice qui en peut résulter pour la propagation de l'espèce. Persuadés, comme tout le monde, que les états les plus populeux doivent être les plus prospères, les érudits attribuaient la splendeur des cités antiques au nombre incomparable des habitants, et ils apportaient dans le dénombrement des peuples anciens une exagération dont la critique moderne a fait justice. À les en croire, l'Égypte, sous Sésostris, eût compté 34 millions d'habitants ; la Grèce, à l'époque florissante, 17 millions ; l'Italie avec les îles, 70 millions ; la Gaule plus de 40 millions. L'auteur des *Lettres persanes* alla jusqu'à dire que le monde connu des anciens avait été cinquante fois plus peuplé que de son temps. La comparaison était humiliante pour les modernes. On se demandait avec inquiétude si l'Occident épuisé n'allait pas redevenir un désert. À l'exemple de Louis XIV, qui exemptait de l'impôt les chefs de famille nombreuse, plusieurs gouvernements prirent des mesures pour ranimer les sources de la reproduction. Il y eut même un moment d'effervescence philanthropique où il fut de mode de contribuer par des bonnes œuvres à la multiplication des citoyens. Vers 1754, à l'occasion de la naissance d'un prince, Mme de Pompadour dota et maria dans ses terres toutes les filles nubiles. Ce caprice était un ordre pour les courtisans : un assez grand nombre de mariages furent ainsi faits par les seigneurs et les riches bourgeois, et un statisticien calcula que la fantaisie de Mme de Pompadour devait, en moins d'une génération, enrichir le pays de 15 à 16 mille citoyens. En 1797, une année avant la publication de Malthus, Pitt proposa à la chambre des communes d'encourager par des gratifications les ménages qui compteraient beaucoup d'enfants.

« Ayant trouvé l'arc trop courbé d'un côté, dit Malthus, j'ai été porté à le trop courber de l'autre, dans l'espoir de le rendre droit. » Chaque pays désirait voir augmenter le nombre de ses habitants : démontrer que les encouragements donnés à la population sont presque toujours une imprudence, c'était produire un fait aussi vrai qu'il était nouveau ; c'était rendre aux sociétés un service incontestable.

Si la loi sur laquelle la démonstration repose est exacte, pourquoi s'est-elle si rarement réalisée ? Si la force génératrice des hommes est si grande, pourquoi le monde est-il si peu peuplé ? En admettant les estimations les plus fortes, on peut à peine élever à un milliard le nombre des hommes répandus aujourd'hui sur la terre. Or, avec cette faculté attribuée à l'espèce humaine de se doubler en moins d'un quart de siècle, sait-on combien il faudrait de temps pour qu'un milliard d'êtres humains sortissent d'un seul couple ? Trente générations, sept siècles et demi. En supposant qu'il ne fût plus resté sur terre, à la naissance de Jésus-Christ, qu'un seul homme et qu'une seule femme, et que leur descendance se fût augmentée dans la mesure dont les États-Unis ont donné l'exemple au monde, la terre eût été aussi pourvue d'habitants à l'avènement de Charlemagne que sous le règne de Louis-Philippe. Si, par un caprice d'imagination, on continuait la progression jusqu'à nos jours, on arriverait à des nombres tellement impossibles, que les expressions manqueraient pour les énoncer.

En réponse à cette objection fondamentale, qu'il était facile de prévoir, Malthus avait à expliquer comment il se fait que l'humanité entière, dont les souvenirs remontent au moins à six mille ans, soit moins nombreuse que ne le serait une seule famille livrée pendant huit siècles à son expansion naturelle. C'est que des obstacles tout-puissants, que des causes de destruction, providentielles peut-être, compriment le développement normal de l'espèce. Malthus distingue deux sortes d'obstacles : les uns *préventifs*, ce sont ceux qui préviennent la naissance des enfants ; les autres *destructifs*, c'est-à-dire qui abrègent l'existence des êtres qui ont vu le jour. Le premier de ces empêchements n'a pu avoir qu'un effet très limité, comparativement à l'action des obstacles destructeurs. La continence volontaire, la crainte de mettre au monde plus d'enfants qu'on n'en pourrait nourrir, suppose une prévoyance, une force morale, qui n'ont jamais été que des exceptions dans l'humanité. Quant aux causes de destruction prématurée, à quoi servirait d'en dresser l'inventaire ? Il suffit de signaler le *vice* et la *misère* comme les deux sources empoisonnées d'où sortent tous les fléaux mortels.

La moitié du livre de Malthus est consacrée à la recherche des causes qui ont retardé la multiplication de l'espèce humaine dans les diverses contrées de la terre, depuis les temps anciens jusqu'à nos jours. Cette compilation, faite sans art et avec une médiocre érudition historique, excite néanmoins une vive curiosité. Quel tableau on eût pu composer avec une plume exercée et un cœur ému ! De l'ensemble des faits recueillis par Malthus, il ressort avec évidence que partout les fléaux meurtriers ont eu pour cause véritable ou cachée l'insuffisance des aliments. Les grandes perturbations qui ont pour résultat l'anéantissement d'une multitude d'hommes, révolutions sociales, conquêtes, épidémies, habitudes vicieuses, régime malfaisant, n'arrivent jamais que lorsque des inquiétudes ou des privations réelles au sein d'une société y font sentir la nécessité d'un changement. Les peuples souffrants s'agitent alors comme les malades sur leur lit de douleur, jusqu'à ce qu'ils aient trouvé une situation supportable. Plaçons-nous, avec Malthus, à ce point de vue, pour observer le développement de l'humanité : si le spectacle est triste, il est plein d'instruction.

Je conçois que la population ait été très considérable dans certaines parties de l'ancien monde, où régnait le système des castes, telles que les monarchies primitives de l'Asie centrale, l'Inde, l'Égypte. Le propre de cette organisation est d'assurer la subsistance de toutes les classes. Les castes supérieures, vouées à la guerre ou à la direction intellectuelle, ont le privilège de vivre aux dépens des autres. Les castes serviles, condamnées héréditairement à la culture des terres, ont, pour salaire de leur labeur, la certitude de trouver leur nourriture sur la glèbe où elles sont attachées[5]. Cette sécurité générale devient une incitation irrésistible à la procréation ; mais les terribles correctifs signalés par Malthus ne tardent pas à agir. Arrive une époque où la multitude des habitants se trouve en disproportion avec les ressources alimentaires. Obligé de se contenter d'une moindre part, chacun des consommateurs s'habitue peu à peu à une nourriture moins abondante et moins saine. L'influence d'un régime malfaisant se manifeste par un affaiblissement général de la race, par une prédisposition organique aux maladies funestes. Il suffit d'une mauvaise récolte pour déterminer la famine, qui amène toujours l'épidémie à sa suite. En somme, sous le régime des castes, à mesure que les classes inférieures deviennent nombreuses, elles s'abâtardissent par d'affreuses privations. Quant aux castes nobles, elles doivent être ordinairement pauvres, parce que le produit brut de la terre, à peine suffisant pour les trop nombreux travailleurs qu'il faut nourrir, ne laisse aucun produit net qui permette aux propriétaires de capitaliser.

Il ressort des remarquables travaux de la critique contemporaine que les populations ont été beaucoup moins considérables dans le monde gréco-romain qu'on n'avait été disposé à le croire jusqu'à nos jours. La difficulté de maintenir le nombre des citoyens en rapport avec les ressources de la république a été une vive préoccupation pour les législateurs de l'antiquité. La seule mesure qu'ils eussent à conseiller était horrible. Non-seulement ils permettaient de tuer les enfants qu'on ne voulait pas élever, mais ils exigeaient le meurtre en beaucoup de cas. Le cœur se serre quand on pense que cette coutume a été générale avant le christianisme, et qu'elle est encore tolérée dans les pays où le christianisme n'est pas souverain. De ces pauvres petites créatures dont on étouffa le premier souffle, de celles qui périrent de froid et de faim, de celles dont les premiers cris, appelant une mère, n'ont attiré que la dent du loup ou l'ongle du vautour, il y en eut des milliards ! Eh bien ! tout porte à croire que cet affreux remède eut un résultat contraire à ce qu'on en attendait. Le principal empêchement au mariage, c'est la crainte de se créer un embarras en mettant au monde des enfants. La permission de tuer les nouveau-nés, en levant cette crainte, encourage les rapprochements des sexes, et procure l'existence à une multitude d'enfants dont le plus grand nombre est sauvé de la mort par la tendresse maternelle. Pour découvrir les causes qui ont empêché un trop grand accroissement de la population dans les sociétés grecque et romaine, il faut se souvenir que la plupart des hommes étaient esclaves, et que les races s'éteignent dans l'esclavage au lieu de s'y multiplier. Au sein des classes libres, l'habitude des mariages tardifs a été un grand obstacle à la reproduction des citoyens. Aristote conseillait le mariage à l'âge de trente-sept ans pour les hommes. Chez les Romains, on retardait l'époque de l'union légitime, destinée à perpétuer la famille, jusqu'aux derniers temps du service militaire, c'est-à-dire entre quarante et cinquante ans. Les belles années se passaient en débauches dans la société des courtisanes infécondes. L'agglomération des propriétés rurales pour former de grands domaines improductifs, la ruine de la petite culture par la spoliation des cultivateurs libres, affamèrent l'Italie au point de la dépeupler. Les historiens ont expliqué par ce dernier abus la chute de la république romaine.

L'extrême misère des basses classes sous le régime féodal avait donné à croire jusqu'ici que la population était très faible pendant cette période. Un savant judicieux, M. Dureau de La Malle, a établi au contraire que la France devait contenir un plus grand nombre d'hommes sous Philippe de Valois que de nos jours. Son calcul, basé sur les rôles des contributions de cette époque, me semble admissible. C'est que le régime féodal reproduisait à certains égards le phénomène déjà signalé à l'occasion des castes égyptiennes. Les serfs, inhabiles à posséder, avaient de droit la subsistance assurée sur la glèbe où ils végétaient, et cette sécurité suffisait pour les inciter à une procréation désordonnée. Il dut arriver souvent qu'un fief, obligé de nourrir un plus grand nombre d'ouvriers que ne le comportaient les nécessités de la culture, ne laissât plus qu'un produit net insuffisant pour le seigneur. Les embarras, les souffrances causées par un tel état de choses, hâtèrent, à n'en pas douter, la transformation du système féodal. Lorsqu'avec l'affranchissement des communes commença l'époque de la liberté responsable d'elle-même et de la concurrence industrielle, la population, plus riche, plus digne, plus réellement forte, dut en effet se trouver moins nombreuse. Il est certain que l'Europe, prise dans son ensemble, était très faiblement peuplée à la fin du moyen-âge, et surtout après les grandes commotions politiques et religieuses qui préparèrent l'âge moderne.

Avec le XVIIIe siècle commence, pour les nations occidentales, une période de progrès matériels qui se manifestent surtout par l'accroissement des populations ; mais, avant de constater et d'expliquer cette tendance nouvelle de l'Europe, il faut jeter un regard sur les autres parties du monde pour y compléter la vérification des axiomes de Malthus.

La plus grande et la plus belle portion du globe, l'Asie, à laquelle les géographes modernes attribuent plus de 600 millions d'âmes, est loin d'être peuplée proportionnellement à son étendue et à l'immensité de ses ressources. Trois contrées seulement possèdent une population compacte, l'Inde, la Chine et le Caucase. Dans l'Inde anglaise, les castes inférieures sont condamnées à une abjection héréditaire dont le résultat est de multiplier les naissances avec un aveuglement brutal. L'abstinence étant recommandée dans ce pays comme la plus grande des vertus, la limite des subsistances y a été abaissée jusqu'au point où chacun n'absorbe que ce qui est rigoureusement nécessaire pour entretenir le souffle de la vie. C'est ainsi qu'une nation de plus de 120 millions d'âmes fléchit exténuée sous le joug de quelques milliers d'Européens.

La Chine et le Caucase justifient une remarque que je viens de faire à l'occasion de l'infanticide chez les anciens. Ce crime, quoique permis par la loi mahométane, n'est fréquent en Asie que dans les deux contrées que je viens de nommer : ce sont précisément celles où l'excès de population devient un embarras. Dans le Caucase, l'usage de tuer les enfants malades, ou de vendre la plupart des autres comme esclaves, n'empêche pas les montagnards d'être assez nombreux pour lutter contre toutes les forces de la Russie[6]. Ce droit de vie et de mort sur leurs enfants, auquel ils ne veulent pas renoncer, est même une des causes principales de la guerre. En Chine, où l'excès de la population cause une misère affreuse, on a repoussé la vaccine précisément parce que la petite-vérole dispense assez souvent de l'infanticide. Il ressort néanmoins d'une proclamation d'un gouverneur de Canton, en date de 1838, que peu de Chinois n'ont pas à se reprocher d'avoir détruit quelques-uns de leurs enfants. Il blâme surtout « l'usage de noyer les petites filles, qui est commun aux riches comme aux pauvres. » La débauche, affranchie de tout frein, multiplie les naissances à tel point que le nombre des enfants conservés demeure assez considérable pour encombrer les voies sociales. Ces mêmes hommes, si cruels pour leur progéniture, sont d'une piété exemplaire pour leurs ascendants. Les soins que les fils prodiguent aux pères et mères diminuent considérablement la mortalité des vieillards : c'est là sans doute une cause de l'exubérance de la population.

Quant aux autres contrées de l'Asie, dont plusieurs ont alimenté jadis des nations florissantes, leur état social depuis quelques siècles explique suffisamment leur dévastation. Chez les nomades de la haute Asie, la nécessité de changer de campement pour remplacer les pâturages qui s'épuisent est une cause permanente de guerre. Le brigandage est le seul métier que ces hommes jugent digne d'eux ; les femmes, sur qui retombe le poids des travaux utiles, vivent dans une servitude laborieuse peu favorable à la fécondité. L'extinction graduelle des races ottomanes, au milieu des plus beaux pays de la terre, a deux causes bien évidentes, le despotisme sous lequel elles vivent et la polygamie. J'incline à croire que l'orgueilleux espoir d'obtenir des armées inépuisables et de conquérir le monde eut autant de part que la sensualité à l'institution de la polygamie. Le résultat obtenu a démenti ce qu'on attendait. Il est prouvé que les familles chrétiennes de la Turquie ont plus d'enfants que celles où règnent plusieurs femmes. On dit même que, sous l'influence de la polygamie, les naissances féminines sont deux ou trois fois plus nombreuses que celles du sexe masculin. Ce phénomène, dont la physiologie peut donner raison, semble indiquer que les mahométans altèrent leur énergie virile par la prodigalité de leur amour. Un autre effet de la polygamie est de neutraliser la classe pauvre, qui est naturellement la plus féconde. La beauté, en Turquie, étant le seul titre, la seule dot qu'on exige des femmes, les plus belles, quelle que soit leur origine, entrent dans le sérail des riches comme épouses ou comme esclaves. Les pauvres, qui n'ont pas le moyen d'acheter les belles étrangères, sont réduits à vivre dans le célibat, ou à se contenter des femmes les moins attrayantes de leur pays.

II. MALTHUS

Dans certaines contrées peu favorisées de l'Asie, et dans beaucoup d'îles de la mer du Sud, la crainte des calamités qu'amène un surcroît de population a inspiré des coutumes bizarres et dégradantes. Sur quelques côtes stériles du Malabar, il est d'usage que plusieurs hommes s'attachent, sans mariages réguliers, à une seule femme. Sous l'âpre climat du Thibet, tous les frères, après avoir mis en commun les biens de la famille, s'entendent pour n'avoir qu'une seule épouse. Ce code matrimonial a limité la population à deux millions d'âmes sur un plateau plusieurs fois grand comme la France. Si la statistique pouvait appliquer ses observations à ce singulier état social, elle constaterait sans doute des effets contraires à ceux de la polygamie, c'est-à-dire que les naissances de garçons y seraient plus fréquentes que celles des filles. Dans beaucoup d'îles de la mer du Sud, où la crainte de la famine est permanente, il règne une effroyable lubricité qui suffirait à comprimer l'essor naturel de la population ; sans recourir à la pratique de l'avortement, qui est souvent recommandée par les lois. Même parmi les enfants conservés, la mortalité doit être effrayante au sein de cette promiscuité, où l'instinct de la famille, où la tendresse paternelle ne peuvent se produire, où l'amour est dépouillé de toutes ses illusions, où l'émotion de la jalousie n'existe pas plus que le sentiment de la pudeur.

Il n'est pas moins triste, de comparer le nombre des habitants de l'Afrique à celui que cette magnifique contrée pourrait nourrir. C'est encore l'insuffisance des aliments qui comprime l'expansion des races noires. L'habitude qu'ont les négresses de prolonger l'allaitement de leurs enfants jusqu'à l'âge de trois ans, sans doute à défaut d'autre nourriture, abrège la période de leur fécondité. Pourquoi des contrées d'une fertilité prodigieuse ne sont-elles que des solitudes désolées ? La chasse aux esclaves, horrible spéculation qui semble passée dans les instincts des races africaines, empêche toute culture régulière, tout essai d'industrie pacifique, toute mesure de prévoyance. Le brigandage produit la famine, et la famine nécessite le brigandage, cercle infernal où dépérissent dans d'affreuses tortures des millions de créatures humaines.

À l'exception des lieux colonisés par les Européens, l'Amérique elle-même n'est encore qu'un désert. Il y a dans le sud des forêts de deux ou trois cents lieues qu'on pourrait traverser sans rencontrer un homme. Les misères de l'état sauvage où languissent la plupart des indigènes expliquent cette dépopulation. Si peu nombreuses que soient ces peuplades, elles ne savent jamais assurer leur subsistance au milieu d'une nature splendide. Leur imprévoyance n'est comparable qu'à leur inertie. Pendant la saison des fruits ou de la chasse, ils se gonflent d'aliments ; viennent les mauvais jours, ils réaliseront ce qui n'est heureusement qu'une métaphore dans la bouche de nos pauvres : ils se serreront le ventre. Ces variations de régime dégradent leur constitution ; la maladie, contre laquelle ils ne réagissent pas moralement, les abat presque à coup sûr. Qu'on ajoute à ces causes de destruction l'absence des sentiments de famille, la servitude de la femme, le mépris de l'enfance, la malpropreté, les guerres, l'anthropophagie, et on restera épouvanté du chiffre auquel il faudrait abaisser la durée moyenne de la vie au sein de ces peuplades. Loin de pouvoir se développer suivant les lois naturelles de notre espèce, elles sont condamnées à disparaître totalement : la compression exercée sur elles par les colonies européennes ne doit être qu'un décret de la Providence. À vrai dire, la misère et la dégradation de l'état sauvage sont telles, qu'il n'y a pas à s'apitoyer sur l'anéantissement prochain de ces races maudites.

Nous comprenons maintenant pourquoi le globe est si peu peuplé malgré la force de procréation départie à l'homme. En Europe jusqu'aux temps modernes, et dans le reste du monde jusqu'à nos jours, nous avons vu l'essor des peuples étouffé par l'impuissance où ils ont été d'accroître leurs aliments, et si, par exception, quelques races sont devenues populeuses, ce n'a été qu'en se soumettant à un régime insuffisant et malsain, en se laissant abâtardir par des privations douloureuses ; mais avec le XVIIIe siècle commence pour l'Europe une ère nouvelle dont on n'a pas assez constaté les bienfaits. L'augmentation du nombre des hommes et la satisfaction de leurs besoins deviennent le but d'une science nouvelle. Il s'élève entre les gouvernements civilisés une vive émulation pour améliorer le sort matériel des peuples. L'impulsion donnée à l'agriculture, au commerce, à l'industrie, multiplie les ressources de chaque pays ; en même temps, une police plus vigilante protège les citoyens ; l'assainissement des villes conjure les épidémies. La vie humaine devient plus facile et plus longue. Cette révolution pacifique, je le répète, mérite de faire date dans l'histoire de l'humanité. Réclamons-en le principal honneur pour notre pays. Ce sont surtout les philosophes français du XVIIIe siècle qui ont commandé aux gouvernements le respect pour la vie des hommes ; c'est leur philanthropie sincère, quoi qu'on en dise, qui a inspiré les *économistes* français, les premiers maîtres de la science ; c'est leur souffle qui a donné la vie aux plus nobles ouvriers de la réforme sociale, aux législateurs de l'assemblée constituante, la plus grande des assemblées politiques, parce qu'elle fut la plus désintéressée et la plus ardente pour le bien.

Fécondées par ces influences, presque toutes les nations européennes sont depuis un siècle en voie de développement, et, malgré des misères que je suis loin de dissimuler, chaque pays pris en masse trouve moyen de proportionner ses ressources au nombre toujours croissant de ses habitants. Il y a trente ans, Malthus prophétisait, avec une sorte de joie pour sa patrie, un amoindrissement de la population. Quelle eût été son épouvante, s'il avait pu vivre jusqu'en 1841, pour comparer, comme je vais le faire, les cinq derniers recensements décennaux !

	1801.	1811.	1821.	1831.	1841.
ANGLETERRE, GALLES ET ÉCOSSE	10,942,646	12,609,864	14,391,631	16,537,398	18,659,865
IRLANDE	»	»	6,801,827	7,767,401	8,205,000

		21,193,458	24,304,799	26,864,865

Ainsi, la population des trois royaumes est à peu près doublée depuis un demi-siècle. Une progression moins prodigieuse, mais assez rapide encore pour causer des inquiétudes, est signalée dans les autres contrées de l'Europe. La France, qui ne comptait pas plus de 23 millions d'âmes sous Louis XV, en alimente plus de 34 millions aujourd'hui. L'accroissement a été de 14 pour 100 dans les vingt années qui ont précédé 1836. Depuis la pacification générale, la Prusse a vu augmenter le nombre de ses sujets dans la proportion de 50 pour 100. Au lieu de 10,349,000 âmes que lui attribuèrent les traités de 1815, elle en comptait 15,472,000 en 1843. Un dénombrement fait en 1763 évaluait à 20 millions d'habitants la population de l'empire russe. Les tableaux officiels publiés récemment accusent environ 61 millions [7]. La population suédoise est, dit-on, doublée depuis un siècle, malgré les obstacles opposés par le climat à l'accroissement des ressources alimentaires. D'autres pays où la progression a été peu sensible, l'Espagne par exemple, sont entrés dans une phase de réformes dont l'effet sera probablement d'augmenter les chances de vie.

Ici se présente une difficulté vraiment bien grande. Le mieux que je puisse faire est de l'exposer avec bonne foi. Cet accroissement de population général en Europe est-il un bien, est-il un mal ? Est-ce un indice de prospérité, est-ce un présage certain de misères ? Les administrateurs, disposés à une douce quiétude, établissent par des faits irrécusables que jamais la vie n'a été plus facile, plus assurée, et que par conséquent les craintes ne sont pas fondées. Les alarmistes ne manquent pas de preuves non plus pour démontrer qu'il y a dans tous les pays des souffrances cruelles. La statistique vient en aide à l'une et à l'autre opinion. Comment expliquer ce contraste ? C'est que, d'une part, on raisonne d'après l'état des populations prises dans leur ensemble et sans exception de classes, et que, d'autre part, on consulte seulement les faits relatifs aux classes misérables. Nous nous placerons successivement à ces points de vue divers pour apprécier l'état économique et moral des sociétés européennes. On m'excusera d'entrer dans quelques détails techniques nécessaires à l'intelligence de ce qui va suivre.

La population peut augmenter de deux manières, ou par un surcroît désordonné du nombre ordinaire des naissances, ou par un abaissement du chiffre ordinaire des décès. Dans le premier cas, la nation qui augmente numériquement s'affaiblit en réalité ; la durée moyenne de la vie [8] s'abaisse. Le contraire arrive dans le second cas. Le nombre des habitants augmente, parce que plus d'hommes sont conservés ; la nation devient plus forte, parce que plus de citoyens atteignent le développement complet de leur énergie physique et de leur intelligence.

Essayons d'appliquer ces principes à la France. Avant la révolution, le nombre des naissances était approximativement de 1 enfant par 27 individus, et le nombre des décès de 1 sur 30. En traversant la révolution, l'empire, la restauration, pour arriver au régime de juillet, on est frappé d'une amélioration soutenue de période en période. Ainsi, en 1836, sur un groupe de 34 individus, un seul enfant venait au monde, et, sur 41 personnes de tout âge, une seule mourait. En comparant les chiffres fournis par les deux époques, on peut voir que la population, malgré la diminution relative des naissances, a été augmentée par une diminution beaucoup plus grande encore de la mortalité, circonstance qui prouve que la vie moyenne s'est accrue en même temps que le bien-être général [9].

On a souvent cité, comme exemple de la progression du bien-être matériel, les calculs faits sur les tables de mortalité de Genève. Au XVIe siècle, époque de perturbation funeste, la vie probable était, dans cette ville, de moins de 5 ans, et la vie moyenne de 18 ans et demi. Dans le siècle suivant, la probabilité s'élève à 11 ans et demi, et la moyenne à plus de 23 ans : dans le XVIIIe siècle, la vie probable promettait plus de 27 ans, et la vie moyenne plus de 32 ans. Enfin, suivant des calculs faits récemment, la moyenne actuelle s'élèverait à 38 ans. Un travail analogue, appliqué aux tables de la mortalité parisienne pour l'année 1829, m'a donné des résultats assez favorables. A en juger par les résultats de cette année, la probabilité de vie à Paris dépasse 25 ans, et la moyenne de la vie donne près de 34 ans [10].

Il est peu de grandes villes européennes où l'on n'ait eu à constater de pareilles améliorations. Voici des chiffres fournis, en 1834, par une statistique allemande, et dont je lui laisse la responsabilité :

A Londres, en 178 ans, la mortalité est diminuée de : un tiers.

A Cambridge, en 10 ans, la mortalité est diminuée de : deux cinquièmes.

A Norfolk, en 10 ans, la mortalité est diminuée de : un cinquième.

A Manchester, en 64 ans, la mortalité est diminuée de : trois cinquièmes.

A Birmingham, 10 ans, la mortalité est diminuée de : deux cinquièmes.

A Liverpool, en 38 ans, la mortalité est diminuée de : moitié.

A Portsmouth, en 11 ans, la mortalité est diminuée de : un tiers

A Berlin, en 72 ans, la mortalité est diminuée de : un quart.

A Rome, 63 ans, la mortalité est diminuée de : moitié.

A Amsterdam, en 64 ans, la mortalité est diminuée de : un sixième.

A Pétersbourg, en 40 ans, la mortalité est diminuée de : deux tiers.

A Vienne, en 80 ans, la mortalité est diminuée de : un quart.

A Stockholm, en 67 ans, la mortalité est diminuée de : un tiers.

Cette prolongation générale de la vie annonce que les sociétés européennes, prises collectivement, s'enrichissent et se fortifient. Ce point de vue offre un spectacle qu'il est impossible de considérer sans un mouvement de satisfaction et d'orgueil. Mais plaçons-nous au point de vue opposé. Est-il moins certain que presque partout on souffre d'une sombre inquiétude, d'un encombrement maladif ; que, chez les deux peuples les plus fiers de leur civilisation, une foule d'hommes sont replongés par la misère dans une sorte de sauvagerie ? Je ne déroulerai pas le sinistre inventaire du paupérisme : on me répondrait que les couleurs du tableau sont exagérées, que les chiffres relatifs au nombre des pauvres sont arbitraires. Il y a un autre moyen de vérifier jusqu'à quel point les classes populaires participent aux acquisitions communes. A en juger par les états du recensement en France, il serait permis de douter que notre pays eût augmenté sa puissance guerrière en proportion du nombre de ses habitants. La moitié des jeunes gens qui sont appelés pour la conscription doivent être réformés pour défaut de taille, pour faiblesse de constitution ou pour infirmités. Une vingtaine de départements, en tête desquels se trouvent la Dordogne, la Lozère, la Seine-Inférieure, ne parviennent que très difficilement à compléter leur contingent, de sorte que, dans ces localités, les chances de libération n'existent pas pour ceux qui ont le malheur d'être sains et valides. La conséquence de cet affaiblissement de la race française est que la Prusse, où les non-valeurs ne représentent qu'un cinquième, pourrait, avec ses quinze millions d'âmes, mettre en ligne autant d'hommes que la France. J'ai gardé souvenir d'une page étincelante d'esprit, où M. Michelet explique les succès militaires des Anglais au moyen-âge par leur ampleur corporelle et leur pétulance sanguine, effets d'un régime succulent. Aujourd'hui, que l'orgueilleuse Angleterre laisse dépérir dans les angoisses de la faim une partie de ses prolétaires, elle vient d'être obligée d'abaisser le minimum de la taille pour le service de ses armées. Les voyageurs disent qu'il n'est pas rare de rencontrer sur les grands chemins de l'Irlande une femme avec un enfant qu'elle soutient pendu à sa mamelle, avec un enfant sur son dos, un enfant qu'elle traîne par la main, deux ou trois autres enfants assez grands pour marcher à la suite de leur mère. Voilà sept créatures qui font nombre dans les recensements, mais qui, certes, n'augmentent pas beaucoup la puissance nationale. « Quel homme d'état, dit M. Rossi, ne préférerait pas deux millions de Suisses à six millions d'Irlandais ? »

Un autre indice, non moins significatif, est fourni par le nombre toujours croissant des enfants naturels. A mesure qu'une population surabondante s'empare des occupations lucratives, et qu'il devient plus difficile de gagner sa vie, le nombre des mariages diminue. Par une conséquence nécessaire, celui des enfants nés hors mariage augmente. Sous l'administration de Necker, on évaluait au 47e la proportion des naissances illégitimes. On en compte 1 sur 13 aujourd'hui, ce qui peut faire supposer que plus de deux millions et demi de Français sont entachés de bâtardise. Dans ce nombre, il y en a un million qui ont été élevés, ou qui vivent encore aux dépens de la charité publique, en qualité d'enfants trouvés.

Ce contraste d'une élévation constante de la durée de la vie chez tous les peuples avec les plaies saignantes de la misère n'admet qu'une seule explication. Il faut conclure que les nombres moyens, expressions des faits généraux, sont élevés par un bien-être exceptionnel dans les classes bourgeoises, bien-être assez marqué pour compenser la dépression du prolétariat.

Ne craignons pas de dévoiler la vérité, si triste qu'elle soit. Suivons, dans ses investigations à Mulhouse, un observateur des plus judicieux et des plus dévoués, M. le docteur Villermé [11]. En estimant, par la probabilité de l'existence, l'énorme disproportion qui existe entre le sort du riche et celui du pauvre, nous allons résoudre cette contradiction que nous avons trouvée dans les apparences de la prospérité et les symptômes de la misère. A Mulhouse, la vie probable, pour la ville, prise dans son ensemble, est de 7 ans et 6 mois ; mais les probabilités varient beaucoup suivant les conditions. Un enfant naît dans la classe la plus misérable, celle des fileurs, attachés, corps et âme, à une mécanique assourdissante. Quelle est, pour cet enfant, la chance de vie ? Un an et trois mois ! Pour le fils du simple tisserand, dont le salaire est un peu plus élevé, la chance est de deux mois de plus. Dans les classes ouvrières comme partout, il y a une aristocratie : ce sont les contre-maîtres, et cette élite des ateliers, dont la main doit être guidée par l'intelligence ; ceux-ci peuvent espérer de conserver leurs enfants 2 ans et 6 mois. Les graveurs et les dessinateurs sont déjà des artistes : pour ceux qui naîtront dans ce groupe, une existence de 3 ans et 1 mois est probable. Laissons les vassaux de la fabrique. Observons les artisans libres, qui ont souvent le privilège de travailler au grand air : avec les journaliers, les manœuvres, la probabilité atteint déjà 9 ans et 4 mois. Les tailleurs n'ont pas à lutter contre la concurrence de la mécanique, et le nécessaire ne leur manque pas s'ils sont adroits et laborieux. Aussi, dans ce groupe, peut-on prédire au nouveau-né une vie de 12 ans. En remontant l'échelle des probabilités, je m'arrête à un chiffre déjà satisfaisant, 20 ans et 9 mois. A qui cette existence est-elle promise ? Aux enfants des domestiques, qui participent à l'aisance des maîtres. Ceux-ci, lorsqu'ils sont manufacturiers, fabricants, spéculateurs, marchands d'étoffes, vivent dans l'abondance sans doute, mais ils ont à supporter le poids de la guerre industrielle. La poursuite des chalands, la perspective de la fin de mois, assombrissent leur existence, et ils ne peuvent compter que sur 28 ans et 2 mois. Bien plus heureux sont les boutiquiers voués au détail [12], dont l'ambition ne s'étend pas au-delà du coin de rue. A l'épicier, le destin réserve 32 ans ; au cabaretier, au bonnetier et autre petit bourgeois, 42 ans et plus. Abordons enfin les classes favorisées, les propriétaires, les rentiers, dont l'unique travail est d'avoir soin d'eux-mêmes, et de conserver leurs revenus. Dans ces familles bien assises, l'âge probable de la mort sera 67 ans et demi ! A présent, que l'on rapproche les chiffres trouvés aux deux extrémités de l'échelle. Vie probable pour les pauvres habitants de Mulhouse : 15 mois ; vie probable pour les plus riches : 810 mois, c'est-à-dire une durée cinquante-quatre fois plus longue [13]. N'est-ce pas un beau privilège que la richesse ? Il est à croire que les mêmes rapports existent, à peu de chose près, dans les grands foyers d'industrie. On conçoit, d'après cet exemple, comment les nations de l'Europe moderne ont pu présenter le contraste d'une prodigieuse accumulation de capital avec une extrême misère. On conçoit comment elles ont pu augmenter numériquement sans se fortifier en réalité, comment les statistiques générales appliquées à l'ensemble d'un peuple ont pu donner des résultats favorables en apparence, mais bien loin de la vérité, en ce qui concerne les classes inférieures [14]. Il n'est donc pas téméraire de répéter que, si l'Europe s'enrichit, les biens s'y distribuent avec une inégalité choquante et dangereuse pour l'avenir. En ce sens, il est vrai de dire que les peuples européens souffrent d'un excès de population, et que les sinistres visions de Malthus y sont devenues des réalités.

Lorsqu'il y a encombrement chez un peuple, et que les bras offerts au travail se multiplient dans une proportion supérieure à celle des subsistances, comment peut-on rétablir l'équilibre ? Le vulgaire n'hésite pas à cette question. Il lui semble naturel et facile de transplanter sous un autre ciel la population excédante. Il y a même beaucoup d'esprits forts qui regardent les fléaux destructeurs comme des remèdes nécessaires. Malthus a consacré plusieurs chapitres à la réfutation de ces préjugés : il a démontré que les émigrations, la guerre, les épidémies, les disettes, n'ont qu'un effet momentané sur le développement des populations.

André Cochut

L'émigration, dans la haute antiquité, pouvait être un obstacle à la multiplication trop rapide de l'espèce. Une foule compacte se portait vers une terre déjà féconde, se jetait de tout son poids sur les anciens habitants, et les écrasait sans pitié pour prendre leur place. La civilisation chrétienne a condamné ces atrocités. L'émigration des modernes ne peut être que la mise en culture d'une terre lointaine et inoccupée. Or, les ressources d'une terre vierge ne se développant qu'avec lenteur, le départ des premiers colons ne laisse dans les rangs de la métropole qu'un vide imperceptible. Les grandes colonies n'ont jamais dû leur accroissement qu'à la procréation locale, et non pas à l'arrivée des étrangers. Il a fallu l'ardeur du prosélytisme religieux, pour que 21,000 puritains quittassent l'Angleterre, de 1626 à 1640, avec un capital suffisant pour les avances d'une grande colonisation. Ce premier noyau a fourni une nation qui dépasse aujourd'hui 17 millions d'âmes. Il n'y a pas à dire que cette population s'est grossie par l'affluence des étrangers. On affirmait, il y a trente ans, que les nouveaux venus n'avaient jamais dépassé 5,000 par année, et que ce nombre restait inférieur peut-être à celui des Américains qui quittent annuellement leur patrie. L'émigration est devenue plus active par la suite. L'Angleterre seule a envoyé, en 1832, environ 57,000 âmes. En supposant que ce mouvement se fût continué, il n'eût pas exercé une influence décisive sur l'accroissement de la nation américaine.

Si un gouvernement entreprenait d'exporter sur une grande échelle l'excédent de sa population, il se ruinerait en frais de transport et en avances à faire aux colons jusqu'au jour d'une récolte suffisante. L'émigration ne peut contribuer au soulagement d'un pays que d'une manière indirecte : ce n'est pas en enlevant le superflu de la population, mais en créant à l'extérieur des consommateurs qui occupent l'industrie de la métropole, et lui offrent en retour les richesses d'une terre nouvelle.

Les calamités qui dévorent les hommes, la peste, la famine, la guerre, ne dérangent pas pour longtemps le niveau habituel d'une population. Une guerre de déprédation, qui ruine les moyens de subsistance, comme les razzias que nos soldats font en Afrique, peut anéantir une race ; mais, quand la somme des aliments n'a pas été amoindrie, il en résulte pour les survivants une abondance momentanée qui semble provoquer une fécondité exceptionnelle.

II. MALTHUS

Il est même à remarquer que les nations où la vie humaine est le plus prodiguée, celles où la guerre est un état permanent et un moyen d'existence, sont ordinairement très nombreuses. Les anciens s'étonnaient de l'immense quantité de guerriers que les Scythes, les Germains, les Scandinaves, sacrifiaient sur les champs de bataille. Les contrées où campaient ces peuples leur apparaissaient comme d'immenses fabriques d'êtres humains, *officinæ gentium*. Il est probable que les législateurs religieux de ces barbares avaient considéré la guerre comme un remède au développement excessif des populations, tandis que la nécessité de remplacer sans cesse les guerriers détruits devenait au contraire une incitation continuelle au mariage. Aucun frein n'était opposé à la passion, aucune limite à la fécondité. Si cette marchandise parfois si précieuse et si souvent avilie qu'on appelle l'homme était sans cesse demandée, la production en dépassait toujours la consommation, quelque effroyable qu'elle fût. Il y a une triste vérité au fond de cette cynique exclamation du grand Condé après la glorieuse boucherie de Sénef : « Une nuit de Paris réparera cela. »

Une famine causée par une succession d'années mauvaises est ordinairement suivie par une période fertile. On a remarqué également qu'après une épidémie arrive presque toujours une époque de grande salubrité. Les constitutions débiles sont enlevées : il y a plus d'aisance au sein des familles, plus de place à prendre dans le monde. Si le fléau a momentanément abaissé les besoins de la consommation au-dessous du niveau des subsistances, une sorte de rajeunissement se manifeste ; le chiffre des décès diminue, tandis que de nombreux mariages élèvent le chiffre des naissances. En peu de temps les rangs éclaircis se sont reformés, les traces visibles du fléau ont disparu. La population excessive avait déterminé une épidémie : à son tour, l'épidémie va ramener un nouvel excès de population. Phénomène assez triste pour l'espèce humaine et prouvé par l'histoire de toutes les grandes calamités ! Il a reçu chez nous une confirmation récente. Pendant les années qui suivirent le choléra, on a constaté à Paris mille mariages environ de plus qu'à l'ordinaire, c'est-à-dire une augmentation moyenne d'un septième, et le nombre des naissances a dépassé celui des décès de manière à réparer les pertes en huit ans.

Je dois constater en outre, comme un indice irrécusable des

progrès de la civilisation, que les fléaux dévastateurs deviendront plus rares de jour en jour dans les régions occidentales. Le commerce a établi entre les peuples une solidarité qui diminue les chances de guerre. Les travaux d'assainissement, les précautions hygiéniques, préviennent ou du moins atténuent la malignité des épidémies. Avec la diversité des aliments, qui ne peuvent jamais manquer tous à la fois, avec l'abondance du capital et la facilité des transports qui ouvrent tous les marchés du globe, il n'y a plus à craindre ces famines complètes qui dépeuplent un pays.

S'il est vrai que les hommes croissent toujours en nombre beaucoup plus rapidement que les aliments ne peuvent augmenter en quantité, la misère sera donc le sort inévitable du plus grand nombre des hommes ? Faut-il s'y résigner comme à un mal incurable ? Interrogez Malthus : il vous répondra qu'il ne connaît qu'un remède. C'est la vertu qu'il appelle la *contrainte morale*, c'est-à-dire la résistance aux entraînements d'un sexe pour l'autre, les mariages tardifs et prudents ; et, comme la surabondance de population n'est préjudiciable qu'aux pauvres, c'est à ceux-ci qu'il s'adresse spécialement. Le peuple, dit-il en vingt passages, doit s'envisager lui-même comme la cause principale de ses souffrances. Aucune puissance humaine ne peut améliorer sa destinée ; il n'y a qu'un moyen d'y parvenir : c'est de persuader aux ouvriers de s'abstenir du mariage et des douceurs de la famille, de ne mettre au monde des enfants qu'autant qu'ils auront la certitude de pouvoir les nourrir. Ainsi, ce n'est pas assez des jouissances matérielles qui sont l'apanage du riche ; Malthus vient réclamer en leur nom un nouveau privilège, les émotions de la paternité. On dispute au malheureux la seule illusion qui puisse tromper ses souffrances : on le claquemure dans sa chaumière ou dans sa mansarde en interceptant le rayon de bonheur qui y pénètre parfois, cette fugitive ivresse que, dans le langage populaire, on appelle le seul plaisir des pauvres gens. Non, Malthus n'a pu dire vrai ; il n'est pas possible que la pauvreté soit un délit aux yeux de la Providence. S'il n'y avait d'autres préservatifs contre la famine que d'éteindre l'instinct de la reproduction chez tous ceux qui ont le malheur d'être pauvres, il faudrait désespérer des sociétés humaines.

Le conseil du philosophe anglais a un premier tort, celui d'être inutile, parce qu'il s'adresse précisément à la multitude qui ne peut pas le comprendre. Malthus lui-même l'a reconnu avec la franchise qui éclate dans toutes les pages de son livre. Après avoir dépeint le bonheur d'un état social où la contrainte morale serait généralement observée, il ajoute découragé : « Je ne crois pas que, parmi mes lecteurs, il s'en trouve beaucoup qui se livrent moins que moi à l'espoir de voir les hommes changer généralement de conduite à cet égard. » L'observation de la continence dans le célibat ou dans le mariage est une vertu trop au-dessus des instincts vulgaires de l'humanité. Le triomphe sur les sens est si laborieux, qu'il semble ne pouvoir être obtenu sans le secours de l'exaltation religieuse. Voilà donc la vertu que vous prêchez à la foule, trop ignorante pour lire vos livres, trop démoralisée pour apprécier vos avis, trop exténuée pour se résister à elle-même ! Autant vaudrait conseiller la santé à des malades, la raison à des insensés. Dans l'introduction où M. Rossi essaie d'atténuer avec son habileté merveilleuse les sentences de Malthus, l'unique soulagement qu'il présente aux indigents se réduit à leur recommander « un travail incessant, l'esprit d'ordre et d'économie, une prudence inébranlable, une haute moralité. » Cette conclusion n'appelle-t-elle pas une variante au mot de Figaro ? et, au luxe de vertus qu'on exige du pauvre, n'est-on pas tenté de demander combien de millionnaires seraient dignes d'endosser la casaque du mendiant ?

Admettons que les classes inférieures soient capables de comprendre et de pratiquer les préceptes de Malthus. Sait-on combien le nombre des mariages serait réduit, si tous ceux qui n'ont pas la perspective de pouvoir suffire à l'entretien d'une famille s'abstenaient de prendre femme ? Que l'on décompose les éléments d'une société, et on sera épouvanté du petit nombre d'individus qui y trouvent sécurité pour l'avenir [15]. En réalité, elle n'existe que pour ceux qui ont un capital transmissible. Les journaliers employés aux travaux de la campagne forment à peu près la moitié de la population mâle, soit 50 pour 100. Les ouvriers en bois, en fer, en cuir, en étoffes, en pierres, en comprennent environ 20 pour 100. Dans le sexe féminin, la proportion des personnes qui vivent au jour le jour de leur travail est au moins égale. Un dixième peut-être serait à ajouter pour les domestiques, les invalides, les mendiants, les repris de justice. Dans ces diverses catégories, qui comprennent quatre cinquièmes de la nation, combien compteraiton d'individus assez riches de leurs économies pour entrer en ménage sans imprudence ? Ces millions d'ouvriers qui vivent tant bien que mal aujourd'hui, savent-ils si demain un caprice de mode, une révolution industrielle ne les laissera pas sans ouvrage, si la concurrence ne réduira pas leurs salaires, si une infirmité ne les éloignera pas de l'atelier ? Dans les idées de Malthus, ils seraient bien coupables d'entrer en ménage avec une telle incertitude de pouvoir préserver de la misère les enfants qu'ils mettraient au monde. J'ai eu occasion de constater, par l'élévation du terme de la vie moyenne à Paris, que cette ville, prise dans son ensemble, est dans une prospérité exceptionnelle. Néanmoins l'aisance y est répartie d'une façon si inégale, que plus du tiers des habitants périssent à l'hôpital. Si tous ceux qui ont cette triste perspective s'abstenaient du mariage, le chiffre des naissances, diminué d'un tiers, tomberait bien au-dessous de celui des décès, et peu d'années suffiraient pour transformer en désert la brillante métropole de la France.

Il règne, je le sais, dans les classes malheureuses, une imprévoyance bien funeste pour elles ; mais cette imprévoyance me semble être une loi providentielle, une condition de durée pour les peuples. Il est peut-être bon qu'il y ait au fond de chaque société une grande multitude qui suive les impulsions de la nature, sans trop s'inquiéter du sort des enfants qui viennent au monde. Le nom de *prolétaires* donné par les anciens à cette classe d'hommes démontre qu'on avait compris dès-lors leur rôle dans les sociétés. Cette foule vivace est comme le réservoir destiné à maintenir le niveau de la population. Si elle n'infiltrait pas sans cesse un sang nouveau dans les autres veines populaires, la vitalité nationale s'épuiserait. Non-seulement les fruits du prolétariat, les enfants sans nom et sans lendemain, sont utiles pour remplir les cadres des armées, pour accomplir dans les campagnes, dans les ateliers, dans l'intérieur des familles, ces travaux pénibles ou répugnants auxquels on se refuse dès qu'on n'y est pas contraint par la misère ; ils ne sont pas moins nécessaires pour renouveler le sang des classes favorisées. C'est un fait incontesté que toutes les aristocraties, même l'aristocratie bourgeoise, sont impuissantes à se perpétuer, et que, malgré leurs instincts conservateurs, elles ne parviennent à se conserver elles-mêmes qu'en se recrutant sans cesse au sein de la foule déshéritée.

Constatons un fait dans lequel nous avons chance de trouver la solution du grand problème : le contraste de la décroissance des familles riches et de la multiplication des familles pauvres. Le fait a d'abord été observé dans les petits états aristocratiques, où le nombre des patriciens pouvait être exactement connu. A Venise, on se plaignait, du temps de Bodin, que la noblesse fût réduite à moins de 5,000 têtes. Au commencement du XVIIIe siècle, et quoique beaucoup de noms nouveaux eussent été inscrits au livre d'or, on n'en comptait plus que 1,500. En Suède, où 2,400 écussons étaient suspendus dans la salle des états, il n'y avait plus, il y a un demi-siècle, que 1,100 familles nobles. Même remarque pour la Hollande ; on cite même une province, celle de Zélande, où il ne reste plus une seule des familles anciennement inscrites sur les registres de l'ordre équestre. La pairie anglaise compte très peu de maisons qui remontent au temps des Tudors. On a remarqué à Genève que les noms qui ont le plus contribué à l'illustration de la ville pendant les XVe et XVIe siècles n'ont plus d'héritiers aujourd'hui. A Berne, sur 487 familles admises à la bourgeoisie, 379 s'éteignirent en deux cents ans.

Le fait paraissait naturel pour les époques où l'aristocratie se prodiguait sur les champs de bataille, mais il se continue depuis la paix et peut-être d'une manière plus marquée encore. Alison, l'un des derniers réfutateurs de Malthus, remarque qu'en Angleterre, « au milieu d'un accroissement général de population, une seule classe est stationnaire, sinon rétrograde, celle dans laquelle se recrutent la chambre des pairs et la chambre des communes. » Enfin, pour citer un nom grave qui m'eût dispensé de multiplier les autorités, M. Hippolyte Passy [16] a établi qu'à Paris même, et sous le règne de cette égalité bourgeoise que nos mœurs semblent consacrer, la reproduction de la classe riche serait compromise, si elle ne se régénérait sans cesse par des alliances avec des parvenus. « En réunissant, dit-il, les quatre arrondissements qui renferment les familles les plus opulentes, on ne trouve que 1.97 naissances par mariage... Les quatre arrondissements où réside la partie la plus pauvre de la population en ont au contraire 2.86, et entre les deux arrondissements placés aux extrémités de l'échelle, le 2e et le 12e ; la différence est de 1.87 à 3.24, ou plus de 73 pour 100. »

André Cochut

S'il était possible de pousser l'analyse des éléments sociaux jusqu'à la dernière précision, on découvrirait, j'en suis certain, que, dans la classe opulente, la vertu reproductive est presque éteinte ; que, dans la classe simplement riche, la fécondité est un peu plus grande sans être suffisante pour perpétuer la société ; qu'enfin, dans cette région moyenne où règne une honnête aisance, le nombre des naissances reste dans les limites qui seraient convenables pour perpétuer la population sans embarras pour la société.

Expliquera-t-on ces résultats par la multitude de ces mariages d'intérêt qui accouplent souvent la jeune fille au vieillard, ou bien par le rachitisme des enfants nés de ces unions sans amour, par les conséquences de la vie factice des riches ? L'action de ces causes accidentelles est amplement compensée par les soins que la fortune procure. Le rapide épuisement des familles privilégiées a pour raison deux faits : un fait moral, la vanité égoïste des riches qui ne veulent pas déchoir ; un fait physiologique, l'affaiblissement de la fécondité dans les espèces animales ou végétales à mesure que leur organisme se perfectionne.

S'il était vrai, comme le dit Malthus, que la population augmente et décroît nécessairement en proportion de l'aisance des parents, il devrait arriver que les classes où règne l'abondance seraient nécessairement les plus fécondes. C'est précisément le contraire qu'on observe. La contrainte si vainement recommandée à la foule dégradée agit naturellement dans les classes ascendantes. Chez celles-ci, l'égoïsme prudent, l'instinct calculateur intervient jusque dans les plus mystérieuses sollicitations de la nature. Pourquoi le riche bourgeois qui pourrait alimenter dix enfants n'en désire-t-il que deux ? C'est qu'il veut les établir, les élever dans l'échelle sociale au-dessus de lui-même.

La nutrition excessive de ceux qui occupent les positions culminantes n'est pas sans influence, je le répète, sur les phénomènes de la procréation. Admirons la Providence, qui a voulu que les êtres dont l'existence est le plus menacée eussent des chances plus nombreuses de se reproduire. Les plantes cultivées se multiplient beaucoup moins que dans l'état sauvage ; à mesure que l'art du jardinier augmente leur beauté ou leur saveur, elles perdent de leur fécondité : on donne ordinairement moins d'engrais à celles dont on veut conserver la semence. De même dans le règne animal :

la vertu prolifique est d'autant moins grande que l'organisation est plus compliquée. On sait dans les fermes qu'il faut amaigrir les sujets destinés à la reproduction. Les races perfectionnées par l'état domestique se propagent avec moins de rapidité ; rendues à l'état sauvage, elles retrouvent leur fécondité naturelle en perdant leurs qualités d'emprunt. L'observation en a été faite en Amérique, où les chiens, les porcs, les bêtes à cornes, importés d'Europe et laissés en liberté, se sont multipliés d'une manière prodigieuse. L'espèce humaine ne fait pas exception à cette loi physiologique. Une nourriture trop succulente prédispose à la stérilité. Chez l'homme de la civilisation, le foyer de l'intelligence ne s'enflamme qu'aux dépens de l'ardeur sensuelle ; l'esprit dévore la chair. On peut résumer ces faits remarquables en disant que tous les êtres de la création perdent en quantité en proportion de ce qu'ils gagnent en qualité. Cette théorie, très ingénieusement développée dans une *revue* anglaise par M. Doubleday, de Newcastle-on-Tyne, ne tranche pas, comme ce savant le suppose, toutes les difficultés soulevées par Malthus ; mais elle est à coup sûr un des éléments de la solution.

Quand les échos de Malthus répéteront : « Les classes inférieures sont misérables, parce qu'elles mettent au monde beaucoup d'enfants, » retournons la formule, et, prenant l'effet pour la cause, répondons : Elles n'ont trop d'enfants que parce qu'elles sont pauvres et démoralisées par la pauvreté. Veut-on arrêter le débordement de la population, que d'intelligentes réformes élèvent le prolétariat, pour le rapprocher autant que possible du niveau de la bourgeoisie. Améliorer physiquement et moralement les classes inférieures, c'est réduire en nombre les habitants d'un pays et les augmenter en valeur, c'est résoudre le grand problème.

On pourrait conclure de la théorie de Malthus que deux territoires de même étendue, doués d'une égale fécondité naturelle, et avec un même capital disponible, doivent nécessairement fournir un même nombre d'habitants. Ce serait une erreur. Le chiffre de la population sera réglé de part et d'autre par le régime habituel de chaque contrée. Supposez que dans l'un de ces pays la basse classe ait contracté l'habitude d'une nourriture forte et abondante, mais d'une production dispendieuse, et que dans l'autre pays au contraire on se contente d'une maigre pitance obtenue à peu de frais, il est bien évident que les ressources de ce dernier pays pourront être partagées entre un bien plus grand nombre de bouches, et provoquer une population infiniment plus considérable.

Mais observons à quels résultats doivent aboutir ces régimes si différents. D'un côté, une race forte, richement constituée, avec de grands appétits, mais pourvue d'une vitalité proportionnée à l'énergie de ses besoins, douée de cette activité de corps et d'esprit que donne la vigueur musculaire ; de l'autre côté, une fourmilière d'hommes chétifs et timides, sans émulation, parce que leurs besoins sont bornés au strict nécessaire. Dans la race énergique, chacun sentira, en évaluant ses propres besoins, que l'éducation d'un homme est dispendieuse ; on craindra d'infliger aux familles d'insupportables privations en les augmentant outre mesure : assez forte pour résister à la passion, cette race observera par égoïsme, sinon par vertu, la continence si chère à Malthus. La population augmentera moins rapidement que les ressources ; tous les produits ne seront pas consommés, et l'excédent constituera une réserve, un capital disponible, gage de la puissance nationale. Le tableau que je trace représente assez fidèlement ce qui se passe aujourd'hui dans les classes moyennes de l'Angleterre et de la France.

Dans cette autre contrée où l'unique ambition est de ne pas mourir de faim, comment le sentiment de la prévoyance pourrait-il se développer ? L'homme qui a toujours vécu dans les privations et la misère, qui ne s'est jamais élevé à l'idée d'une autre existence, ne craint pas de mettre au monde des enfants destinés à végéter comme lui. Par la multitude et la fécondité désordonnée des mariages, les pauvres ne cessent d'irriter la concurrence qu'ils se font entre eux dans l'offre du travail. A mesure que le taux des salaires s'abaisse et que la ration alimentaire de chacun diminue, le sang national s'appauvrit : de l'affaiblissement physique à la dégradation morale, la transition est une fatalité inévitable. Alors le respect de soi-même disparaît ; on ne cherche plus dans l'union des sexes qu'une ivresse momentanée ; une procréation bestiale couvre le sol d'une multitude de créatures destinées à périr prématurément. Tel est le spectacle que donnent en Orient la Chine et l'Inde. L'Europe a son Irlande, et j'ajouterai que, grâce à la rivalité industrielle qui agite le siècle, il n'est plus de nation européenne qui n'ait aujourd'hui une Irlande dans son sein.

II. MALTHUS

Dans le contraste des deux tableaux que je viens de présenter réside tout le mystère de la population. C'est ainsi qu'on rentre dans la théorie de Godwin, qui rejetait sur le vice des institutions presque toutes les misères sociales. Il ne faut pas dissimuler que, si le bonheur matériel d'un peuple dépend surtout du parfait équilibre entre la population et les subsistances, le maintien de cet équilibre dépend en grande partie de la sagesse des lois et de l'habileté pratique des administrateurs.

Le fameux axiome de Malthus sur l'accroissement limité des subsistances en opposition avec la force illimitée de la procréation humaine a cessé d'être un épouvantail pour les esprits sensés. Sans admettre les calculs puérils qu'on a faits récemment pour démontrer que les trois royaumes britanniques pourraient alimenter 129 millions d'habitants, il est présumable que les dernières limites des forces productives de la terre ne sont pas exactement connues, et qu'il n'est peut-être pas une contrée dont la fertilité ne puisse être augmentée. D'ailleurs, pourquoi rester toujours dans cette supposition que chaque peuple ne peut obtenir sa nourriture que de son propre sol ? On a souvent répété que les petits états, comme les villes libres d'Allemagne et la Hollande, devaient seuls compter sur les importations pour leur subsistance ; que le superflu de tous les pays à céréales ne suffirait pas pour conjurer les horreurs de la disette dans une grande nation ; que les plus fortes importations en France n'ont jamais représenté que la consommation de quelques jours ; qu'en supposant même que les provisions existassent dans les magasins étrangers, il n'y aurait pas assez de vaisseaux disponibles en Europe pour les transporter. Ces arguments qu'on répète encore par habitude ne sont plus admissibles aujourd'hui. Les moyens de transport sont multipliés à l'infini par les chemins de fer et la navigation à la vapeur. Quant aux ressources des marchés étrangers, elles augmenteraient indéfiniment, si le principe de la liberté du commerce était généralement admis. Alors seulement, les pays à blé, pouvant compter sur des demandes considérables et régulières, élargiraient assez leurs cultures pour les proportionner à tous les besoins. L'expérience que l'Angleterre se prépare à risquer répondra d'une manière décisive à ce genre d'objections.

Il faut sans doute que le pauvre puisse vivre à bas prix, mais il faut que ce soit par l'effet de l'abondance du marché, et non pas par un affaiblissement du régime, par l'usage d'un vil aliment. L'introduction de la pomme de terre en Irlande n'a pas eu seulement pour effet d'encourager la procréation. Le salaire de l'ouvrier, au lieu de s'y régler, comme en Angleterre, sur le prix du froment, a suivi celui de la pomme de terre, c'est-à-dire qu'il s'est abaissé au niveau de la denrée la plus vile. Les pays accoutumés à un régime solide ont, dans les mauvaises années, la ressource d'une alimentation inférieure. Il n'en est plus de même en Irlande : il n'y reste aucun moyen de se garantir de la famine, quand la récolte de la pomme de terre vient à y manquer.

Il est à remarquer qu'en ce qui concerne la population, l'intérêt des capitalistes est directement opposé à celui des pauvres. L'entassement des ouvriers affamés autour des manufactures accélère la fortune des entrepreneurs. Que les hommes d'état méditent ces graves paroles, écrites par M. Rossi dans son introduction : « Les habiles savent que plus il y a de travailleurs, plus les salaires sont bas et les profits élevés… : Vous voudriez que le père de famille, au lieu de cinq ou six enfants, ne nous en présentât que deux ou trois ? Mais il nous faudrait alors hausser le salaire des jeunes travailleurs, et plus tard celui des adules ; et, si nous ne voulons pas voir diminuer le nombre de nos acheteurs, où trouverons-nous cet accroissement de salaires, si ce n'est dans une baisse relative de nos profits ? Nous pouvons aujourd'hui gagner un million en dix ans ; il nous faudrait, dans votre système, la vie d'un homme pour atteindre au même résultat. Laissez, laissez les travailleurs se multiplier ; c'est le seul moyen de rendre les capitalistes maîtres du marché. » L'excitant le plus énergique à la population est l'emploi des enfants dans les manufactures. La certitude d'exploiter ces petits malheureux à l'âge où ils auraient besoin au contraire d'une tendresse attentive détermine une affligeante fécondité. Malthus a remarqué que dans les villes manufacturières de l'Écosse les ouvriers se mariaient fort jeunes, et que chaque ménage comptait en moyenne six enfants. Cette coupable spéculation a été la principale cause de l'encombrement dont tous les pays se plaignent. C'est la pullulation de la plus basse classe industrielle qui grossit constamment les chiffres dans les tableaux de recensement. On distingue en France 33 départements voués particulièrement à l'industrie, et 53 qui s'enrichissent par la culture des céréales et de la vigne : la moyenne d'accroissement, qui, de 1801 à 1836, a été d'environ 22 pour cent, est dépassée par les départements industriels moins 3 ; les départements agricoles, à l'exception de 8, sont restés au-dessous de la moyenne. En Angleterre, l'accroissement a eu lieu, depuis le commencement du siècle jusqu'en 1831, dans la proportion de 26 pour cent dans les comtés voués à la culture, et de près de 50 pour cent dans les districts manufacturiers. La Belgique est aux expédients pour nourrir les ouvriers que la surexcitation industrielle a enfantés. L'Allemagne déverse chaque année 20,000 émigrants en Amérique et en Russie, sans compter les mercenaires qui s'insinuent dans tous les ateliers des grandes villes européennes.

L'assainissement des localités est encore une garantie contre la surabondance d'une population chétive. De toutes les mesures imaginées dans l'intérêt du pauvre, la plus propre à le relever de sa dégradation est celle dont le vénérable lord Ashley a pris l'initiative. Il est démontré, par l'expérience faite à Londres, qu'avec ce qu'il en coûte à l'ouvrier pour louer à la nuit un ignoble grabat dans une chambre infecte, il pourrait obtenir un logement sain et décent dans de vastes bâtiments appropriés aux modestes besoins des classes nécessiteuses. On parviendrait, en distribuant bien de pareilles habitations, à diminuer l'entassement des ouvriers autour des grandes manufactures, qui deviennent trop souvent des foyers de prostitution et de misère.

Un des premiers devoirs de l'administration serait d'observer avec une attention vigilante le niveau des salaires. L'enchérissement nominal de la main-d'œuvre peut n'être qu'un leurre pour les ouvriers. Il serait bon de constater de temps en temps le pouvoir réel des salaires, c'est-à-dire la somme des objets de nécessité première que peut fournir le gain quotidien du travailleur. Sans intervenir directement dans les opérations particulières de l'industrie, il y a pour un gouvernement vigoureux des moyens légitimes d'assurer au travail une rémunération équitable, soit qu'on provoque la demande des bras par une impulsion communiquée à certains travaux, soit qu'on augmente la puissance du salaire, en faisant baisser le prix des subsistances par les perfectionnements de l'agriculture [17]. Je n'étendrai pas cet aperçu. En ce qui concerne le régime des classes ouvrières, la théorie ne peut donner que de vagues conseils. Chaque difficulté exige une solution, chaque souffrance un remède. Le succès dépend au jour le jour de la perspicacité, du tact, de l'énergie de celui qui tient en main les affaires. L'important était de protester contre cette désolante conviction propagée par Malthus parmi les hommes d'état de cette époque, qu'il est à peu près inutile de s'occuper de la multitude par deux raisons : la première, qu'il est impossible d'améliorer les conditions du travail ; la seconde, que, si l'on y parvenait momentanément, le bien-être général n'aurait d'autre résultat que de ramener la misère, en provoquant aussitôt une nouvelle surabondance de population.

On comprendra, d'après l'exposé qui vient d'être fait, qu'une simple thèse économique ait mis aux prises des intérêts passionnés. Ce problème de la population dans ses rapports avec la subsistance résume en effet l'art du gouvernement : tous les actes de l'administration viennent y aboutir. Malgré les critiques qu'on a pu faire du système de Malthus, malgré les justes protestations qu'il a provoquées, son livre restera comme un des traités élémentaires de la science économique. Il faut donc savoir gré à l'intelligent éditeur de l'avoir compris dans la collection qu'il poursuit avec succès [18]. La lumineuse introduction de M. Rossi, la notice sur la vie de l'auteur, par M. Ch. Comte, portrait tracé pour l'Institut, et qui se ressent un peu trop de l'impassibilité académique ; les notes sobres et pourtant concluantes de M. Joseph Garnier, une révision de la traduction primitive, une ample table des matières, indispensable pour un écrivain assez confus, assurent la supériorité de cette édition sur toutes celles qui l'ont précédée dans les divers pays où la langue française est en usage.

Malthus mourut à l'âge de soixante-dix ans, paisible comme il avait vécu, au milieu d'une famille qui le vénérait. Tous les éloges prononcés autour de sa tombe le représentent comme un philosophe candide, désintéressé autant que loyal, d'une aménité séduisante dans la discussion, d'un calme imperturbable au milieu des tempêtes qu'il avait soulevées. Cet homme, si cruel dans ses conclusions dogmatiques, était, dit M. Ch. Comte, « si indulgent pour les autres, que des personnes qui ont vécu près de lui pendant cinquante années assurent qu'elles ne l'ont jamais vu troublé, jamais en colère, jamais exalté, jamais abattu. » Ce contraste entre l'homme et ses écrits n'est pas sans précédents. Le type de la morale relâchée, Escobar, était dans ses mœurs d'une rigidité exemplaire. Il est probable que la passion politique ou l'esprit de système ont communiqué au philosophe anglais cette dureté d'accent qu'on lui a reprochée avec une dureté non moins grande. Lorsque, ému par le soulèvement public, Malthus balbutiait ces paroles : « Je suis sûr de n'avoir jamais dit qu'il n'est pas de notre devoir de faire tout le bien qui dépend de nous ; » — non, sans doute, aurait-on pu lui répondre, mais vous avez entrepris de démontrer, sans preuves suffisantes, qu'il ne dépend pas de nous de faire le bien, et vos arguments, souvent contestables, sont devenus des oracles pour l'égoïsme. Vous justifiez l'inertie des politiques sans cœur, vous propagez un fatalisme désolant, et on ne saurait nier qu'en fermant votre livre, on ne garde un sentiment d'impuissance, un découragement funeste aux classes souffrantes.

En résumé, si Malthus a émis des vérités utiles, il a souvent poussé la vérité jusqu'à ce point d'exagération où l'erreur commence. Il a fait du bien sans aucun doute ; je crains aussi que ses doctrines ne soient devenues parfois l'occasion du mal. En pénétrant avec sagacité les phénomènes qui se rapportent aux mouvements des populations, en démontrant, contre l'avis unanime des hommes d'état de son temps, que le bonheur d'un pays, sa force politique, dépendent, non pas du chiffre de ses habitants, mais du rapport de la population à la quantité et surtout à la vertu nutritive des aliments disponibles, Malthus a rendu un service aux sociétés. Le mal causé par ce même philosophe découle des efforts qu'il a faits pour affranchir les législateurs de la responsabilité de leurs fautes. On doit lui reprocher d'avoir présenté la misère publique comme une fatalité à peu près inévitable, d'avoir réfuté par de prétendues lois naturelles les espérances de réforme les plus légitimes. Persuadons-nous, au contraire, que la misère est la cause plutôt que l'effet de l'excès de population ; à ce mal dont l'Europe s'inquiète avec raison, cherchons un remède, non pas, comme les disciples de Malthus, dans de vaines prédications morales à ceux que le malheur a démoralisés, mais dans un ensemble de réformes économiques ou politiques, favorables aux classes affaissées aujourd'hui ; réformes dont l'initiative doit être prise par les hommes d'état, à moins qu'ils ne préfèrent les attendre des violences d'une révolution.

Notes

1.   Essai sur le principe de la population, précédé d'une introduction par M. Rossi, d'une notice historique par M. Charles Comte, et avec des notes nouvelles de M. Joseph Garnier. — Un volume grand in-8o, chez Guillaumin, 14, rue de Richelieu.

2.   Cette édition a été publiée à Londres en 3 volumes in-8o.

3.   Par ses relations personnelles, Malthus appartenait au parti whig ; mais son livre a été chaleureusement adopté par toutes les nuances du parti conservateur.

4.   On assure que les classes noires des États-Unis, infiniment mieux traitées que les esclaves de nos colonies, ont fourni des exemples de ce doublement phénoménal.

5.   L'individu trouvait dans le régime primitif des castes beaucoup de garanties que n'offrit plus l'esclavage personnel, où l'esclave dépendait du caprice d'un seul maître.

6.   La population du Caucase est évaluée, par M. Hommaire de Hell, à 2 millions d'ames pour 5,000 lieues carrées environ. C'est une proportion très considérable, eu égard à l'état social des belliqueux montagnards et à la nature du sol.

7.   Dans ce total, les serfs font nombre pour les trois quarts, et les hordes nomades pour 9 millions de têtes. La noblesse héréditaire et administrative comprend un peu plus de 1,100,000 individus.

8.   Les statisticiens ont deux manières d'apprécier par des chiffres la prolongation de la vie. Leurs évaluations ont pour base tantôt la vie probable, tantôt la vie moyenne. La probabilité de vie est indiquée par l'âge auquel la moitié des individus nés pendant le cours d'une même année a cessé de vivre. Supposez, par exemple, que, sur 1,000 naissances annuelles, il ne reste plus que 500 personnes vivantes quinze années après, le chiffre 15 sera celui de la vie probable. Le terme de la vie moyenne s'obtient en additionnant toutes les années vécues par le groupe d'individus sur lequel on opère, et en divisant ce total collectif par le nombre

des décès : ainsi, que les 1,000 personnes décédées à des âges divers aient vécu collectivement 25,000 ans, le chiffre de la vie moyenne sera 25. La vie probable est un indice de l'état des basses classes ; quand elle s'élève, on peut conjecturer que dans les familles laborieuses l'aisance est assez répandue pour que l'enfance y soit entourée de soins. Il suffit, au contraire, pour élever la moyenne de la vie, qu'une classe riche et privilégiée ait les moyens de reculer les bornes ordinaires de l'existence.

9. Le dernier recensement de 1842 donne une proportion un peu moins favorable. Le rapport des naissances est de 1 à 33, et celui des morts de 1 à 39 7/10e : il y a dans ces chiffres un symptôme de malaise qu'il est bon de constater en passant.

10. Le calcul a été établi d'après les tableaux officiels publiés par la préfecture, et qui s'arrêtent malheureusement à l'année 1836. On a choisi l'année 1829 de préférence aux suivantes, pendant lesquelles l'équilibre a été dérangé par des perturbations accidentelles, comme la révolution de 1830 et le choléra. Tout me porte à croire que de semblables calculs, appliqués à une série d'années, ne donneraient pas de variations sensibles. Or, en 1829, il est mort à Paris 25,324 personnes de tout âge, depuis une semaine jusqu'à 100 ans : le total de leurs âges produit 860,470 années, chiffre qui, divisé par celui des décès, donne en moyenne, par tête, un peu moins de 34 ans

11. Le rapport de M. Villermé est imprimé dans le tome II des Mémoires de l'Académie des sciences morales, 2e série.

12. Cette observation est suggérée par les tables de la mortalité de Mulhouse ; mais je ne crois pas qu'elle soit applicable au petit commerce des grandes villes.

13. M. Villermé atténue ce qu'il y a d'affligeant dans ce tableau en signalant diverses causes possibles d'erreur. Quelques détails inexacts ne modifieraient pas essentiellement les faits généraux. On dit, par exemple, que les individus désignés comme rentiers ou propriétaires ne sont pas tous nés avec cette qualité, que ce sont le plus souvent des négociants ou des industriels retirés des affaires, après avoir passé par toutes les crises de l'existence, et qu'il n'est pas étonnant que dans ce petit groupe la vie se prolonge jusqu'à soixante-sept ans. D'accord ; mais, si l'on cesse de faire une classe

à. part de ces propriétaires, il faut les ramener dans la classe des négociants, et alors la moyenne de la vie, pour ces derniers, sera considérablement augmentée.

14. Ainsi, dans le calcul fait pour Paris, 300 vieillards septuagénaires représentent un aussi grand nombre d'années vécues que les 9,000 enfants qui meurent annuellement dans cette ville avant l'âge de dix ans. Un très petit nombre de privilégiés, arrivant à cette vie aisée que donne la richesse, modifient essentiellement les résultats apparents des tables de population..

15. Ce travail a été fait pour la population parisienne. Voyez la livraison de la Revue des Deux Mondes du 15 février 1845.

16. Dans un remarquable travail inséré aux Mémoires de l'Académie des sciences morales et politiques, 2e série, tome Ier.

17. Avant l'impulsion donnée à l'agriculture par les économistes français, le prix du blé était beaucoup plus élevé qu'aujourd'hui, relativement à la valeur réelle de l'argent. Je trouve que le prix moyen du setier de Paris fut, de 1674 à 1683 inclusivement, de 26 livres 6 sols 3 deniers, somme qui représente à peu près 72 francs de nos jours. Or, pour 72 francs, on aurait aujourd'hui près de quatre hectolitres de blé, environ deux setiers et demi : la diminution réelle est de trois cinquièmes. Le simple énoncé de ce résultat est le plus bel éloge qu'on puisse faire des économistes de l'école primitive.

18. Les Principes généraux de l'Économie politique et divers Opuscules non encore traduits en français paraîtront bientôt pour compléter les œuvres de Malthus.

ISBN : 978-1545560761

www.ingramcontent.com/pod-product-compliance
Lightning Source LLC
Chambersburg PA
CBHW061445180526
45170CB00004B/1570